Nonstop Survival!

David Fermer

NONSTOP SURVIVAL!

Mit Illustrationen

von Alexander Weiler

Thienemann

Zirkus

„Wie heißt der höchste Berg Schottlands?“, fragt Herbie, auch als Herr B. oder Herr Bruckner bekannt. Beruf: Erdkundelehrer und Dompteur der 9c. Weißer Bart, Pferdeschwanz, kariertes Holzfällerhemd, Lederweste und ein ziemlich dickes Fell.

In Raum 115 ist es erwartungsgemäß still. Ich – Name: Timo; besondere Merkmale: keine; vierzehn Jahre alt, eins sechzig groß, eher ein schmaler Typ; kurze, blonde Haare, bisschen Gel, nicht zu viel; Lieblingsbeschäftigung: Hollywoodfilme, neue und alte – weiß die Antwort, lehne mich aber in meinem Stuhl zurück und blättere leise und unauffällig in der Bergsteigerzeitschrift, die vor mir auf dem Tisch liegt. Ich habe sie gestern vom Kiosk um die Ecke geholt. Wir machen nämlich ein Projekt über Berge.

Janine – ein Bild von braunhaariger Schönheit, hübsches Gesicht, zierlicher Körper, lackierte Fingernägel, tadellos angezogen – knufft mich in die Seite und funkelt mich an. Ihre Gabe: Sie durchschaut mich. Sie weiß genau, dass ich die Antwort auf dem Kasten habe. Ist mir aber nicht wichtig, mich vor der Klasse zu produzieren. Ich bin halt ein schüchterner Typ.

Gleichzeitig schießt vorne Bruno Beuttners Hand wie eine Rakete in die Luft. Bruno Karl-Heinz Beuttner, Spitzname „Mr Perfect“: groß, kräftig, wie aus Stein gemeißelt. Meister aller Sportarten auf Erden. Nebenjob: Frauenheld.

Herbie ächzt. „Ja dann, Bruno … wenn niemand anders diese wahnsinnig anstrengende Hausaufgabe gemacht hat, dann behellige du uns.“

Der kantige Allroundsportler wirft einen liebevollen Blick auf Janine und sagt voller Inbrunst: „Ben Nevis!“

„Sehr gut, Bruno!“, seufzt Herbie ohne einen Funken Begeisterung und trocken wie ein Sandkorn in der Sahara.

Bruno grinst und hofft auf Anerkennung von Janine. Dabei läuft ihm fast der Speichel aus dem Mund. Er nennt es „Liebe“. Ich sage: Er hat keine Ahnung. Das Tageslicht verfängt sich in der kleinen Delle an seinem Kinn und formt ein schattiges Grübchen. Die Mädchen fahren voll drauf ab. Alle, außer Janine. Sie schnalzt nur mit der Zunge.

„Und weiß irgendjemand anders in diesem Raum, wie hoch der Ben Nevis ist?“, fragt Herbie. Sein Blick schweift durch den Klassenraum und bleibt an mir hängen.

Seine zusammengekniffenen Augen verraten alles: Er weiß, dass ich es weiß. Was bringt es dann noch, wenn ich es laut sage? Es reicht doch, wenn *ich* weiß, dass *er* weiß, dass *ich* es weiß, oder nicht? Ich bin doch kein Angeber.

„Ach, Mensch! Es liegt mir auf der Zunge!", trällert Bruno, seine Gehirnzellen auf Turbo gestellt.

Janine klopft mir mit Wucht auf den Rücken. Gut, dass meine Zähne echt sind. Sonst hätten wir ein fliegendes Klassenzimmergebiss.

„Komm!", flüstert sie. „Das weißt du doch!"

Ich rutsche tiefer in meinen Stuhl. Wenn ich nicht aufpasse, liege ich gleich auf dem Boden.

Janine schnalzt wieder mit der Zunge, diesmal meinetwegen. Dann wendet sie sich von mir ab und meldet sich. Vermutlich nur, um Bruno in die Parade zu fahren.

„Ah, Janine, toll!", flötet Herbie begeistert. „Also, die Höhe von Ben Nevis, in Metern natürlich, nicht in Fuß, so wie die Schotten die Dinge gerne messen …"

Janine windet sich wie ein Wurm, weil sie natürlich keinen blassen Schimmer hat, wie hoch irgendein Berg irgendwo auf der Welt ist.

Sie drückt ihre Hände fest auf den Sitz ihres Stuhls und streckt den Rücken durch, als ob sie erwartet, dass die Antwort dann wie ein Geistesblitz in sie fahren würde.

„Ja, natürlich ... in Metern ... wie war sie noch mal? Ich habe sie nur in Fuß im Kopf ... äh ... Lassen Sie mich kurz umrechnen ...“

Die gesamte Klasse starrt sie gebannt an. Jeder hier weiß, dass Janine sich zu weit aus dem Fenster gelehnt hat.

Sie wirft mir einen flehenden Blick aus dem Augenwinkel zu. Ich muss schnell denken: Flüstern geht nicht, Aufschreiben ist zu auffällig, die halbe Klasse lechzt nach ihrem Blut, die Zeit steht still.

„Janine?“, fragt Herbie beunruhigt. „Ist alles in Ordnung?“

Janine schenkt ihm ein rosiges Lächeln und wirft ihr langes braunes Haar über die Schulter. Dabei werden die meisten männlichen Exemplare unserer Spezies auf der Stelle ohnmächtig, aber Herbie bleibt erstaunlicherweise auf beiden Beinen stehen.

Mit einer Fingerspitze klopfe ich ein Mal auf den Tisch, ganz leicht, nur hörbar für Janine und mich. Janine schnappt mein Zeichen sofort auf.

„Einen Meter!“, verkündet sie begeistert.

Nicht ganz, Janine.

Herbie runzelt die Stirn. Ich huste leicht. Janine korrigiert sich: „Ich meine, ein*tausend* …“

Ich klopfe drei Mal auf den Schreibtisch.

„Dreihundert …“

Tack, tack, tack, tack – und wieder vier Mal.

„Vierundvierzig Meter“, gibt Janine stolz bekannt. „Also, von Fuß umgerechnet, ist der höchste Berg in Schottland 1.344 Meter hoch!“

Das nenne ich Teamwork. Herbie strahlt vor Freude. „Ausgezeichnet, Janine! Nicht nur ein tolles Erinnerungsvermögen, du bist auch mathematisch begabt!“

„Aber das war gepfuscht!“, kommt eine empörte Stimme vom Nebentisch. Es ist Marika. Schwarz gefärbte Haare, purpurrote Lippen, gepiercte Zunge, voll auf dem Weg, ein echter Grufti zu werden. Deckname: Dracula. Sie kann Blut saugen.

Innerlich sacke ich zusammen. Mach dich auf was gefasst. Die 9c-Schlammschlacht geht gleich los. Jetzt werden die Messer gewetzt. Es kann gefährlich werden.

„Was willst du?“ Janine richtet sich auf und

schleudert Marika einen vernichtenden Blick zu.

„Timo hat dir doch die Antwort zugeflüstert …“, wirft Marika Janine vor.

„Unter Beobachtung der ganzen Klasse? Du leidest unter Wahnvorstellungen!“ Janine sucht Verstärkung bei Lea – eine Riesin unter den Mädchen, treu, zuverlässig, unscheinbar –, die auf der anderen Seite des Klassenzimmers sitzt. „Hast du irgendetwas gehört?“

Lea schüttelt energisch den Kopf. Ich bin mitten in der Schusslinie und überlege, ob ich nicht lieber unter dem Tisch in Deckung gehen soll.

Die Jungs sollen sich jetzt bloß raushalten.

Aber nein.

„Das stimmt!“, ruft Florian, ein Kumpel von Bruno, der neben ihm sitzt. „Timo war's.“ Er hebt seinen schwabbeligen Körper vom Stuhl und zeigt anschuldigend auf mich. „Er hat ihr ein Zeichen gegeben.“

Auf einmal geht ein Tumult in unserem Klassenzimmer los, der kaum vorstellbar ist. In einer Sekunde von null auf hundertachtzig, schneller als ein Formel-1-Wagen. Die Hälfte der Klasse schlägt sich auf Janines Seite, die andere auf Marikas. Zwischendurch beschimpfen sie auch Bruno und mich, obwohl wir beide keinen Ton sagen.

Herbie kennt diese Situation. Als unser Klassenlehrer hat er es nicht leicht mit uns. Ehrlich gesagt: Wir sind ein Albtraum. Seit Weihnachten steht die 9c kurz vor dem Bürgerkrieg. Unsere Klassenfahrt wurde bereits zwei Mal wegen schlechten Benehmens abgesagt. Alle paar Tage geht ein Riesenaufruhr los. Unsere Hormone haben uns an den Rand des Wahnsinns gebracht. Wir sind dabei, uns selbst zu vernichten.

Zuerst sagt Herbie nichts. Er wendet sich ruhig zum Fenster und schaut auf den Schulhof hinaus. Und das ist gut so. Das Klassenzimmer hat sich in einen bedrohlichen Dschungel verwandelt, in dem Menschen keinen Platz haben. Die bissigsten Raubtiere der Welt treffen sich zum Festschmaus. *Jurassic Park* pur.

Hinter der menschlichen Massenkarambolage stecken natürlich andere Dinge als nur eine kompromisslose Haltung zum Thema Mogeln. Nein. Es geht hier um etwas ganz anderes. Und zwar um Folgendes: Marika kann Janine nicht leiden, weil Marika in Bruno verknallt ist, aber Bruno nur Augen für Janine hat. Seinerseits hat Bruno einen fetten Groll gegen mich, weil Janine und ich beste Freunde sind. Er glaubt, dass ich der Grund bin, warum Janine sich ihm nicht an den Hals wirft. Kompliziert? Ach was!

Ob Herbie auch weiß, worum es hier eigentlich geht? Nach genau zwei Minuten brüllt er markerschütternd: „RUUUHHHEEE!!!“

Das funktioniert jedes Mal. In seinem Schrei, der bestimmt über den ganzen Schulhof zu hören ist, liegt dieser gefährliche Klang, den man als Schüler nie ignorieren darf. Der Ton warnt: „Vorsicht! Ich kann zum *Terminator* werden!“

Dann hört man besser auf.

Im Klassenzimmer herrscht sofort Totenstille. Herbie dreht sich langsam um und lässt seinen Cyborgblick über uns Raubtiere streifen. „Ihr seid wirklich unerträglich!“

Und er hat recht.

„Habt ihr noch nie was von ‚Verbundenheit‘ gehört?“, setzt er fort. Jetzt hat er wieder unsere ganze Aufmerksamkeit. „Ist euch ‚Gemeinschaftsgeist‘ kein Begriff? ‚Kollegialität‘? Existiert das Wort ‚Harmonie‘ überhaupt in eurem Wortschatz?“

Harmonie? Ich habe vergessen, was das ist.

HERBIE IN ...
JURASSIC PARK 9
... A NEVERENDING PREHISTORIC
CLASSROOM ADVENTURE.

„Seid ihr eine Klasse, eine Einheit, oder ein Haufen herzloser Kannibalen?“

Na ja, eher das Letzte, wenn du mich fragst.

„Ich halte es mit euch nicht mehr aus. Dieses ständige Gezänk, die Gemeinheiten, andauernd Ärger. Wie soll ich mit euch eine Klassenfahrt machen? Das kann man doch niemandem zumuten!“

Herbies normalerweise robuste Stimme versagt mitten in seiner Tirade. Er krächzt wie eine alte Oma. Der arme Mann. Er hält es mit uns nicht länger aus.

Alle senken vor Scham den Blick. Ich starre auf die aufgeschlagene Seite der Bergsteigerzeitschrift und denke: So kann es nicht weitergehen.

Und dann sehe ich sie plötzlich vor mir: Die Lösung! Sie springt mir aus dem Hochglanzmagazin entgegen und leuchtet wie eine überdimensionale Neonreklametafel vom Times Square. Warum habe ich sie nicht vorher gesehen?

Eine Anzeige: schwarz-weiß, ohne Bild, auf Englisch, mit einer Überschrift, die zu unserer aktuellen Lage passt wie die Faust aufs Auge:

Anzeige

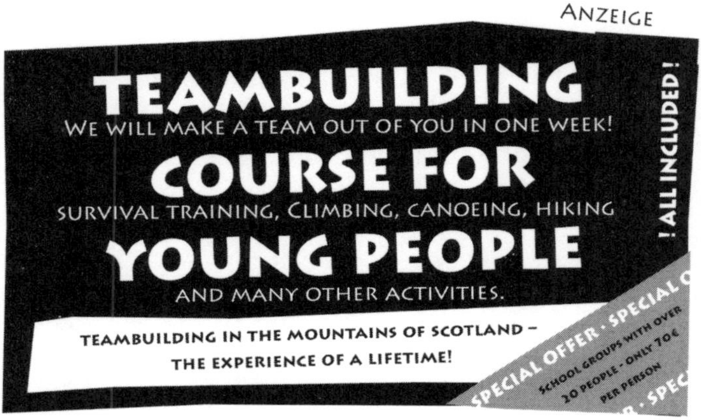

Teambuilding? Das ist genau das, was wir brauchen. Ich überfliege den restlichen Text.

Das hört sich perfekt an! Ein Geschenk des Himmels! Ein Zeichen! Und nicht nur das. Es gibt ein SPECIAL OFFER: „School groups with over twenty people – only seventy euros per person!!" Nur siebzig Euro für eine ganze Woche, „all included"? Das ist doch ein Topangebot!

Ich hebe meine Hand zögerlich in die Luft. „Äh … Entschuldigung, Herr Bruckner …"

Herbie bricht seinen Vortrag über den Untergang der 9c ab und schaut mich erstaunt an. „Timo?", sagt er fassungslos. „Du … sprichst?"

Zugegeben, ich kann mich selbst nicht mehr erinnern, wann ich mich das letzte Mal gemel-

canoeing – Kanufahren; hiking – Wandern

det habe, aber das hier ist eine Notsituation. „Äh … ja … ich …“, stammele ich vor der ganzen Klasse, alle Augen auf mich gerichtet, „… ich glaube, ich habe die perfekte Klassenfahrt für uns gefunden …“

Mal sehen, was er dazu sagt.

Jump

My name is Fran. I'm fourteen years old and I live in Glasgow. That's in Scotland in case you don't know. To understand the **kind** of girl I am, just imagine the following situation:

You go into your classroom at lunch break because you want to get your bag, and the room is completely **empty** – **except for** Brian Johnson, the new boy from England, who is standing on the **windowsill** at the open window, looking down from the third **floor** to the playground.

You **get the picture** immediately: he wants to jump. You have no idea why, but it's quite clear. So what do you do? Do you run across the

kind – Art; empty – leer; except for – außer; windowsill – Fensterbank; floor – *hier:* Stockwerk; to get the picture – verstehen classroom screaming “Brian! Brian! Don’t do it!” and **grab** him by the legs, pulling him down to the **safety** of the floor? Do you try to talk to him? “Hey, Brian, think about it. Life is beautiful, man. Be positive!” Or do you try and get him to talk to you? “You can **trust** me, Brian, it’s okay. You can tell me whatever you want. I can keep a **secret**.”

You might do any of those things, but not *me*. I walk into the classroom, see Brian **about to** jump out of the window, pick up my bag from the desk, say “Hi, Brian!” and leave the room.

Don’t ask me why I did it. It’s just the way I am.

Outside in the corridor I slowly count to twenty, then I go back into the room. I stop in front of the door and look across to Brian. He’s still staring at the asphalt of the basketball court.

“Do you **need a hand**?” I ask.

He looks over his shoulder at me. The **expression** on his face says it all: **Is she serious**?

I am. I drop my bag onto a desk and walk over to him.

to grab – schnappen; safety – Sicherheit; to trust – vertrauen; secret – Geheimnis; about to – kurz davor; to need a hand – Hilfe brauchen; expression – Ausdruck; Is she serious? – Ist das ihr Ernst?

"Do you want me to **push**?" I ask. "I can push you, no problem. Or I can just close the window, then it might look like **murder**."

I **lean** out of the window next to him and look down to the playground.

"We're only on the third floor, Brian. Are you sure it will work? I mean, it would be a bit stupid if you just broke a leg or **twisted your ankle**."

Brian looks from me to the playground with wide open eyes. Then I turn around and walk back through the room to my bag.

"I'm going for a Coke in the **canteen**. Are you coming?"

I don't wait for an answer. I just pick up my bag and leave the room.

Three minutes later I'm sitting in the canteen **opposite** Brian Johnson. He's drinking the Coke I bought him and telling me his story.

That's it. That's me **in a nutshell**. Fran McGregor from Glasgow. That's the kind of girl I am.

to push – stoßen/drücken; murder – Mord; to lean – lehnen/beugen; to twist one's ankle – den Fuß verstauchen; canteen – Kantine; opposite – gegenüber; in a nutshell – kurz gesagt

Erwischt

Bei uns in Frankfurt am Main stehen drei der zehn höchsten Gebäude Europas: Die Commerzbank (259 m), der Messeturm (257 m) und der Wolkenkratzer in der Westendstraße (208 m). Aber neben dem Ben Nevis oder irgendeinem anderen Berg in Schottland, geschweige denn dem Rest der Welt, sind die Frankfurter Wolkenkratzer nichts weiter als kleinwüchsige Liliputanerhäuschen.

Herbie ist voll auf die Idee einer Teambuilding-Klassenfahrt abgefahren. Erstaunlicherweise auch alle aus meiner Klasse. Das heißt, bis Herbie herausgefunden hat, warum das Angebot aus Schottland so billig ist: Sein Dach über dem Kopf muss man selber mitbringen.

Die Vorstellung, in einem schlammigen Sumpf mitten in den Highlands zu zelten, löste nicht gerade große Begeisterung unter einigen weiblichen Mitgliedern der Klasse aus. Sie wurden unsicher. Es ging nicht nur um den harten Boden, es gäbe auch Giftschlangen in Schottland. Und die Frage, wie man einen Spiegel in einem Zelt aufhängen soll, wurde zum zentralen Diskussionspunkt. Aber Herbie hat auf uns „Mainhattan Kids“ eingeredet und uns immer wieder an den Slogan aus der Anzeige erinnert: Das ist die Chance eures Lebens!

Es war alles fast zu toll, um wahr zu sein. Wir fanden bezahlbare Flüge von Frankfurt nach Inverness; Herbie schrieb einen Brief an die Eltern – die Reise sei „für das Klassengefüge äußerst wichtig“ – und sorgte für die finanzielle Unterstützung; wir mussten über Freunde von Freunden von Freunden und selbst weit entfernten Verwandten die nötigen Zelte für die Reise organisieren; und jetzt ist es endlich so weit. Morgen geht es los. In einer Woche sind wir ein unzertrennliches Team. Die Jungs aus *Armageddon* sind nichts gegen uns.

Als ich in der großen Pause über den Hof gehe, packt mich jemand am Arm und zerrt mich in die Sporthalle – Bruno Beuttner: „Ich muss mit dir reden.“

Als ob er mit mir eine Verschwörung planen will, zieht er mich geheimnisvoll in den leeren Umkleideraum. Er sagt aber erst mal nichts. Er geht nur auf und ab wie ein Tiger im Käfig, unruhig und bedrückt.

„Was ist?“, will ich wissen. Will er die Schulleitung stürzen?

Bruno grunzt, verzerrt das Gesicht und haut mit der Handkante gegen ein Schließfach. Der präzise ausgeführte Karateschlag hinterlässt eine tiefe Delle. Ich bin froh, dass er nicht mir galt. Unser *Karate Kid* ist nämlich ein Grüngürtel.

Bruno bleibt stehen und lehnt seinen Kopf gequält gegen die Delle. Er sieht sehr unglücklich aus, als ob er gleich weinen würde. Er tut mir sogar ein bisschen leid.

„Ich verstehe nicht, warum sie mich nicht leiden kann", schluckt er.

Ich weiß genau, von wem er redet. Ich will gerade den Mund aufmachen, um ihm mein Mitgefühl auszudrücken, als er sich von den Schließfächern in meine Richtung abstößt und vor mir aufplustert.

„Ich meine, wie kann sie mich nicht gut finden?", fragt er verständnislos und fährt sich mit der Hand durch seine kurzen braunen Locken.

Was ich gerade an Mitgefühl für Bruno gespürt habe, verschwindet schlagartig. Die plötzliche Verwandlung vom traurigen Abgelehnten zum stolzen Pfau erinnert mich daran, wie unberechenbar ich ihn finde. Er wechselt seine Laune wie ein Chamäleon seine Farbe. Ich mag keine unberechenbaren Menschen.

„Du bist doch Janines bester Freund, kannst du nicht mit ihr reden?“, fragt er hoffnungsvoll.

Es geht einfach über Brunos Vorstellungsvermögen hinaus, dass es ein Mädchen geben kann, das sich ihm nicht sofort vor die Füße wirft.

„Janine und ich reden jeden Tag“, erwidere ich lakonisch.

Bruno kneift die Augen misstrauisch zusammen und mustert mich.

„Läuft was zwischen euch?“

„Nein, natürlich nicht.“

Mein Gegner schüttelt den Kopf und murmelt perplex: „Das verstehe ich nicht.“

Was gibt es da zu verstehen? Janine und ich sind einfach Freunde. Wir waren nie zusammen und werden auch nie zusammenkommen. So ist das halt. Auch wenn es für Bruno ein Rätsel ist.

Bruno packt meinen Arm und drückt ihn verzweifelt. „Tu mir den Gefallen – rede mit ihr!“, fleht er mich an. „Hilf mir, ihr zu zeigen, dass ich der Richtige für sie bin. Bitte!“

Ich will Bruno gerade erklären, dass ich keine Partnervermittlungsagentur bin, geschweige denn eine Kummerkastentante für einsame Herzen, aber ich glaube, dass ich mir damit keinen Gefallen tun würde.

Ich schüttele Brunos Hand von meinem Ärmel und rücke meine Jacke zurecht.

„Okay. Ich frage sie, wie sie dich findet", versichere ich ihm. Brunos Augen leuchten auf.

„Du bist ein echter Kumpel!", sagt er und klopft mir auf die Schulter. Aber das stimmt nicht. Bruno und ich werden nie Kumpels sein. Dann, in einem flehenden Ton: „Wann machst du's?"

„Keine Ahnung. In Schottland wahrscheinlich."

Brunos Lächeln verschwindet blitzartig und er wird blass. Er senkt den Kopf geistesabwesend und lässt seinen leeren Blick durch den Raum schweifen. Er weiß: Es wird für ihn die Stunde der Wahrheit.

Das war's. Ich möchte keine weitere Sekunde mit Bruno Beuttners Liebeskummer verschwenden. Ohne noch ein Wort zu sagen, lasse ich ihn stehen und verlasse zügig den Umkleideraum.

Als ich den Sporthallenflur entlangeile, dringt schallendes Gelächter aus dem Mädchenumkleideraum: Mittagsgetratsche. Ich beschleunige mein Tempo, aber gerade als ich an der Tür vorbeigehe, höre ich etwas, das mich abrupt innehalten lässt: „Klar werden Janine und Timo auf der Klassenfahrt zusammenkommen!“, sagt ein Mädchen und kichert laut.

Ich erstarre. Was hat sie gesagt?

Prompt seufzt eine andere Mädchenstimme. „Ja, endlich! Wird ja auch Zeit.“

Ich schaue mich um. Ich bin alleine im Flur. Keiner hört das Gespräch außer mir. Was für ein Glück!

„Janine ist voll verknallt in ihn“, sagt ein anderes Mädchen, ich glaube, Lea.

„War sie doch schon immer!“ Wer ist das? Sonja? „Und der Schwachkopf sieht es gar nicht. Wie blind muss man sein?“

Doch, es ist Sonja, der eiskalte Engel. Ruppig, frech, dickköpfig. Ich wusste, dass sie mich nicht leiden kann.

Die dritte Stimme, die mir unbekannt ist, seufzt träumerisch. „Na ja, wo die Liebe hinfällt …“

„Sie wird ihn schon rumkriegen. Es ist nur eine Frage der Zeit“, ergreift die bodenständige Lea wieder das Wort.

Sonja lacht. „Ab morgen hat sie eine ganze Woche!“

„Allerdings“, grübelt Lea. Dann plötzlich: „Hey, wir müssen los!“

Ich starte wie aus der Pistole geschossen und

renne den Flur entlang. Hinter mir höre ich, wie Bruno die Tür des Jungsumkleideraums aufmacht und hinter mir herruft: „Hey, Timo, warte mal!“

Irgendeiner wartet immer, aber diesmal nicht ich.

Auf dem Schulhof kann ich erst mal Luft holen. Mein Kopf dreht sich gleichzeitig in alle möglichen Richtungen. Was ist, wenn es wahr ist, was die Mädchen gerade gesagt haben? Aber nein, es muss ein Missverständnis sein. Vielleicht gibt es noch einen anderen Timo oder eine andere Janine. Wir sind das nicht. Nein. Das ist undenkbar. Janine in mich verknallt?!

Für den Rest des Tages gehe ich Janine aus dem Weg. Ich brauche meine Ruhe. Ich bin ein Wrack. Und supererleichtert, als der Schultag zu Ende geht. Ich verabschiede mich von Janine mit einer Notlüge – ich müsse noch etwas für die Reise besorgen – und verschwinde nach Hause.

Während ich später am Abend meine Sachen packe, lasse ich mir alles durch den Kopf gehen. Was macht man bitte schön, wenn man herausfindet, dass die eigene beste Freundin in einen verliebt ist?

Lea hatte immer behauptet, dass Janine und

ich das perfekte Paar wären. Wir verstehen uns gut, wir haben viele gemeinsame Interessen, sie sieht wirklich gut aus und ich bin auch nicht gerade der *Glöckner von Notre-Dame* mit Halbglatze, Zahnspange, Strickpullunder und einer unheilbaren Hautkrankheit.

Ich habe mich oft gefragt, ob ich vielleicht von einem anderen Planeten komme, weil ich nie etwas von Janine wollte. Aber ich bin immer zu dem gleichen Schluss gekommen: Wenn jeder jeden auf der Welt lieben könnte, würde absolutes Chaos ausbrechen.

Es gibt eine lange Schlange Jungs, die hinter Janine her sind, aber ich bin keiner von ihnen. So ist das halt. Dafür habe ich sie echt gern.

Ich brauche fast drei Stunden, um meinen Rucksack zu packen, und bewege mich in Zeitlupe, meine Gedanken fast so schwer wie meine Hände.

Als ich den Rucksack endlich voll habe, klingelt mein Handy. Es ist Janine.

„Ich brauche deine Hilfe“, sagt sie. „Kannst du vorbeikommen?“

Keine Frage. „Ich bin gleich da.“

Nein, es ist nicht das passiert, was man vielleicht denken würde. Janine hatte nicht vor, mir ihre heimliche Liebe zu gestehen. Sie wollte mir keine Liebeserklärung machen und mich mit feuchten Augen um einen Kuss bitten. Das blieb mir erspart. Am Ende handelte es sich um ein klassisches Mädchenproblem: Janine konnte sich beim Packen nicht entscheiden. Die Kakihose oder die Jeans?

Ich schließe meine Augen und zeige auf eine der Hosen – keine Ahnung welche. Janine scheint sehr glücklich mit meiner Entscheidung zu sein, aber in dem Augenblick weiß ich, dass es so nicht weitergehen kann – einfach die Augen zumachen und hoffen, dass es klappt. Irgendwann in den nächsten Tagen werde ich mit Janine über das Gespräch im Mädchenumkleideraum reden müssen.

Die Frage ist nur: Ob wir danach Freunde bleiben werden …?

City life

Let me paint you a picture: Long, **cobbled** streets. No cars, just shops as far as the eye can see. Thousands

cobbled – mit Kopfsteinpflaster

of people walking up and down, up and down, every day, looking in the shop windows, happy. Great architecture. A pub on every **corner**. A cathedral at the heart of it all. Moving out of the centre, the cars become king of the streets. **Dual carriageways** run through the city like spaghetti. The River Clyde is massive and busy. The **further** you go from the city centre, the more grey everything becomes. You pass **rows** and rows of identical houses. People repair their cars on the streets. More and more graffiti. From time to time there's a small playground. And trees, lots of trees.

And then come the **tower blocks**. North Glasgow. Possilpark. Hamiltonhill. The **suburbs**. Bad news. I can see the tower blocks from my bedroom window. I live south of Possilpark. On the **safe** side. Buildings twenty, thirty **storeys** tall. Huge monsters. Like faces without eyes, or a nose, or a mouth. Just hundreds of little windows. It's hard to **believe** people actually live in them. They look like they're about to fall down. And one day they will.

That's where Brian Johnson lives. You re-

corner – Ecke; dual carriageway – Schnellstraße; further – weiter; row – Reihe; tower block – Hochhaus; suburbs – Randbezirke; safe – ungefährlich; storey – Stockwerk; to believe – glauben member, the new boy from school. The one who wanted to – well, you know – jump. He lives on the seventeenth storey of the orange-brown tower block I can see from my window. **No wonder** he's unhappy.

Glasgow is a tough place, but I love it. It has everything I need. I could **spend** my whole life here without ever leaving and I would never **miss** a thing. That says a lot about the place. And a lot about me, too.

You see, I'm not looking for adventure. I don't need to jump out of an airplane to get a kick. I've never been to the **jungle** or the **desert**. I've never even **ridden** a horse, **let alone** sat in a speedboat. It's **adventurous** enough just crossing the road every day in the morning. I mean, think about it: in my school there are nine hundred people who all see things **differently**, all do different things, all have different thoughts. Amazing! There's enough adventure in my school alone for a **lifetime**. Like the thing with Brian Johnson. I don't need to look anywhere else.

no wonder – kein Wunder; to spend – verbringen; to miss – vermissen; jungle – Dschungel; desert – Wüste; to ride – *hier:* reiten; let alone – geschweige denn ...; adventurous – abenteuerlich; different – anders; lifetime – Lebenszeit

Which is why I had to laugh when Angus told us about the "Adventure Holiday". Angus runs the **youth centre** in my **neighbourhood** and he's a cool guy. He's about forty years-old but he's really young somehow. The kids who come from Possilpark love him. Maybe that's because he came from Possilpark himself. He knows about life there. Well, he must have won the lottery or something because the other day he comes to the youth centre and tells us he's going to take us all on holiday. He got some city **grant** or something. And guess what? He chose an "Adventure Holiday"! Laugh! Like I said, I have so much adventure every day, I don't know how I **survive**. But hey, a holiday is a holiday and tomorrow we're leaving.

But the best thing of all is that Brian Johnson is coming with us. After the thing at school I brought Brian to the youth centre and Angus **took him under his wing**. He invited Brian on the **trip** straightaway. And Brian said "yes" with a big, happy smile on his face. I mean, if anybody needs a holiday, then he does.

youth centre – Jugendzentrum; neighbourhood – Stadtviertel, Nachbarschaft; grant – Fördermittel; to survive – überleben; to take sb under one's wing – jmdn. unter seine Fittiche nehmen; trip – Ausflug

Bergauf

Alle singen zusammen:

*„**For auld lang syne**, my dear, for auld lang syne, we'll take a cup of kindness yet, for auld lang syne …"*

Nicht alles, was sich hinter dem Namen „Bruno Beuttner" verbirgt, ist schlecht. Er hat auch seine Qualitäten. Als die 9c am Flughafen von Inverness in den Bus steigt, verteilt er Zettel mit dem unverständlichen Text des weltberühmten schottischen Liedes und stimmt an.

„For auld lang syne …!"

Wir sind angekommen. Also, fast. Croik Farm, unser Endziel in den westlichen Highlands, liegt ungefähr siebzig Kilometer von hier entfernt. Über die kurze Distanz ändert sich die Landschaft gewaltig.

Aus der grausteinigen Innenstadt führt uns der Bus in eine unberührte Wildnis. Die Berge werden immer größer, die Dörfer weniger, die Landschaft karger. Ich habe den Eindruck, wir

Auld Lang Syne – eines der bekanntesten Lieder im englischsprachigen Raum. Übersetzt bedeutet der Titel so viel wie »Auf die gute, alte Zeit«. Das Lied basiert auf einer alten schottischen Weise.

fahren zum Mond. Nach und nach hören wir auf zu singen. Alle starren gefesselt auf unsere neue Umgebung.

Nach einer halben Stunde gibt es kaum noch Autos auf der Straße. Wir sehen deutlich mehr Schafe als Menschen. Die kahlen Berge ragen auf beiden Seiten in den klaren blauen Himmel. Ihre Felsen glänzen in der strahlenden Sonne. Neben der Straße plätschert ein kleiner Fluss. Die Straße ist nur breit genug für ein Fahrzeug und wenn uns gelegentlich eins entgegenkommt, suchen wir eine Haltebucht, um das Auto vorbeizulassen.

Ich kann nur sagen: Das hier ist ganz schön anders als Frankfurt am Main. Ich komme mir vor wie ein Statist auf dem Weg zu Dreharbeiten von *Herr der Ringe*.

„Was für ein Glück mit dem Wetter!", seufzt Janine begeistert neben mir. Sie hat noch nicht bemerkt, dass sich seit gestern etwas zwischen uns geändert hat – zumindest für mich. Allerdings habe ich noch nicht den richtigen Zeitpunkt gefunden, um mit ihr darüber zu reden. Vielleicht bin ich auch nur zu feige.

Kaum hat Janine das Wetter gelobt, biegen wir in ein schmales Tal – oder den „Glen" wie es auf Schottisch heißt – und ich sehe eine dicke schwarze Wolke am Horizont.

Plötzlich springt Herbie auf und zeigt aufgeregt aus dem Fenster.

„Da ist es!", ruft er wie Columbus bei der Entdeckung Amerikas.

Alle folgen mit ihren Blicken seinem ausgestreckten Finger. In einer Nische am Berghang auf der anderen Seite des Flusses liegt ein Gehöft: ein kleines, u-förmiges Hauptgebäude mit Innenhof, zwei Scheunen und einer winzigen Kapelle mitten auf der grünen Wiese. Es sieht bildhübsch aus. Die perfekte Ansichtskarte.

Aber als wir uns dem Hof nähern, nehme ich

die Realität wahr: Das Gebäude ist fast eine Ruine. Es sieht aus, als ob es jederzeit einstürzen könnte. Auf einer Seite fehlen große Teile des Dachs, einige Fenster sind eingeschlagen, das Mauerwerk ist zerbröckelt. Ein Wunder, dass dort überhaupt noch Menschen wohnen. Jetzt ist mir klar, warum wir zelten müssen!

Als wir im Innenhof anhalten, zieht sich der blaue Himmel schlagartig zu und es fängt an in Strömen zu regnen, als hätte jemand einen Schalter umgelegt. Aus hellem Tag wird dunkle Nacht.

Zwei ältere Leute warten unter dem Vordach des Hauptgebäudes auf uns. Sie sehen aus wie Gespenster. Der heftige Regen hüllt sie in einen grauen Vorhang.

Wir steigen aus dem Bus, holen unser Gepäck und sind schon bis auf die Knochen nass, als wir das Haus betreten.

„Welcome to Croik Farm!“, begrüßen uns unsere freundlichen Gastgeber, als wir schimpfend an ihnen vorbeieilen.

Mr und Mrs Barrett sind ungefähr zweihundert Jahre alt. Er: ein grauhaariger Frankenstein, groß, schlank, ernst, nur keine Schrauben im Kopf. Sie: Mary Poppins im Rentenalter, ein Gesicht strahlend wie Sonnenschein, leicht

vorgebeugt, hat mehr Falten als King Kong Haare. Sie trägt eine Hose, er einen Rock. Die Schotten machen das offensichtlich andersherum als bei uns.

„Hoffentlich kommt keine Windböe!“, sagt

Bruno zu Janine und mir und nickt dabei in die Richtung von Mr Barretts Tracht. „Dann wissen wir, ob er ein echter Schotte ist oder nicht!"

„Das ist ein Märchen!", weiß Janine. „Natürlich hat er was drunter!"

Die Tatsache, ob Mr Barrett unter seinem karierten Rock eine Unterhose anhat, beschäftigt mich weniger als die Frage, wie unsere nicht gerade blutjungen Gastgeber die ganzen Aktivitäten der Woche leiten sollen. Oder sind wir in einem Seniorenheim gelandet?

Wie eine beinahe ertrunkene Schafherde trotten wir in den Speisesaal, wo ein Samowar leckeren Teegeruch verbreitet. Der Raum sieht aus wie ein Museum für ausgestorbene Säugetiere. An den Wänden hängen ausgestopfte Hirschköpfe. Die Regale sind mit Jagdtrophäen gefüllt. In der Ecke steht eine Vitrine mit Gewehren und alten Schrotflinten.

Während wir uns mit Tee aufwärmen, gibt Herbie Mr und Mrs Barrett die Hand und stellt ihnen Frau Schröder vor, die Englischlehrerin, die mit uns auf Klassenfahrt gekommen ist. Sie entschuldigt sich sofort für die schlechte Stimmung in unserer Klasse.

Mr Barrett nickt verständnisvoll. „No problem", sagt er in seiner schottischen Singsangstimme. „We'll make the kids a bit tougher this week, don't you worry about that!"

„The rain will **be over** in fifteen minutes", zwitschert Mrs Barrett, die eine Art Dauerlächeln besitzt. „Then we'll show you where you can **put up your tents**."

Dann baut sich ihr Mann vor uns auf und nimmt ein Stück Papier aus einem Ordner.

„Before we do that, we need to decide who is **responsible** for the various **duties**", sagt er laut und deutlich.

Verantwortlich für welche Aufgaben?

Mr Barrett liest von einer Liste ab: „Point one on the list: Who is responsible for the washing up?"

Dreißig ziemlich gereizte, deutsche Jugendliche starren verblüfft zu Herbie. Wir müssen den Abwasch machen?! Davon hat er nichts erzählt.

Herbie entwickelt plötzlich ein sehr starkes Interesse an Mr Barretts Waffensammlung in der Vitrine.

Und das ist erst der Anfang. Mr Barrett spricht weiter: „Point two: Who is responsible

to be over – vorbei sein; to put up a tent – ein Zelt aufschlagen; responsible – verantwortlich; duty – Aufgabe for making breakfast? Point three: Preparing the **packed lunches**? Point four: Cooking dinner in the evening?“ Mr Barrett dreht das Blatt in seiner Hand um und liest hinten weiter. „Point five: Carrying the **rubbish** to the containers? Point six: Cleaning the toilets?“

Müssen wir auch die Kühe melken und den Dung für den Misthaufen sammeln? Und wenn wir gerade dabei sind, dann lasst uns doch das Dach reparieren und die Buchhaltung machen.

Als Mr Barrett mit der Liste fertig ist, wendet sich Herbie an ihn und nimmt ihm das Blatt aus der Hand. „I will **fill** this **out** with the children later“, sagt er lässig, dann mehr zu sich: „Ich vermute, jetzt ist nicht der richtige Zeitpunkt, um nach Freiwilligen zu suchen …“

Prompt fünfzehn Minuten später, genau wie Mrs Barrett vorhergesagt hat, hört der Regen auf. Mr Barrett bringt uns zum Zeltplatz. Auf dem Weg dahin spricht er mich und Janine an.

„Is it your first time in the mountains?“, fragt er uns und trotz seines Akzents verstehe ich ihn ganz gut.

„Yes“, erwidere ich im einfachsten Englisch,

packed lunch – Lunchpaket; rubbish – Müll; to fill out – ausfüllen mit „yes“ und „no“ kann man nicht viel falsch machen.

Mr Barrett deutet mit dem Kopf auf die Berge. „So what do you think?“

„Beautiful!“, schwärmt Janine.

Er nickt langsam und schaut mich an.

Ich schwärme nicht. Ich bin schließlich ein Junge.

Mr Barrett kneift die Augen zusammen und durchbohrt mich mit einem wissenden Blick.

„Always be **on your guard**“, haucht er rätselhaft. „These mountains are dangerous …“

Ähm, Entschuldigung, wie soll ein Haufen Steine und Erde gefährlich sein? Oder sind die schottischen Berge heimlich bewaffnet?

Als ob er die Frage in meinen Augen lesen kann, senkt Mr Barrett seine Stimme und erzählt uns geheimnisvoll: „The weather in the mountains is like people. It can change very quickly“, und er schnippt mit den Fingern, um die plötzliche Verwandlung zu unterstreichen. „In fact, it's completely unpredictable.“

„Unpredictable“? Ich weiß nicht, was das heißt, aber bevor ich ihn oder Janine – Englischnote: eine glatte Eins – fragen kann, errei-

to be on one's guard – auf der Hut sein

chen wir das Feld, wo wir unsere Zelte aufschlagen können.

„Welcome to your home!“, sagt Mr Barrett und breitet stolz seine Arme über dem matschigen, eingezäunten Acker aus. „Another group is coming later, but there’s enough space for all of you.“

„Na super!“, stöhnt Marika hemmungslos.

Mr Barrett wendet sich ab, um zu gehen. „Dinner is at seven o’clock. And don’t worry“, ergänzt er augenzwinkernd zu Marika, „I’m cooking tonight!“

Bruno kommt auf mich zu und klopft mir volle Pulle auf die Schulter. „Wollen wir anfangen?“

Auch das noch! Ich hatte es bis jetzt erfolgreich verdrängt: Ich muss diese Woche ein Zelt mit Bruno Beuttner teilen! Ein harter Schicksalsschlag, aber Herbie wollte die Gruppe ein bisschen „aufmischen“. Hoffentlich schnarcht er nicht.

„Ja“, erwidere ich Bruno, dessen Begeisterung ungebremst ist, trotz des Wetters und trotz der Tatsache, dass wir Zeltgenossen sind. „Von mir aus …“

Ich packe unser wahnsinnig kompliziertes, schwerkraftnachgebendes Igluteil aus meinem

Rucksack und breite eine Million kleiner Kunststoffteile und Haken auf dem Schlammbett aus. Es ist so weit. Die schottische Folterwoche beginnt!

Dann fängt es wieder an zu regnen.

Headline News

That's what I call **a close shave**! We catch the train just seconds before it leaves the Glasgow Central Station. That's "group dynamics" for you. When you're twenty people, it takes a million years to get everybody moving in the same **direction**.

We swarm along the train like a horde of animals until we find some empty seats. I sit down at one of the tables with my friends Alison and Tara. Brian, too. There's a newspaper lying on the table, left behind by some **passenger**. "The West Highland Times". That's funny. The West Highlands is where we're going on our "Adventure Holiday".

a close shave – ein knappes Entkommen; direction – Richtung; passenger – Reisende

I love reading newspapers. Not the big articles on the **front page**. Not the politics and the religion, not the wars and **economic** ups-and-downs. I like the stories about real people doing real things, the stories you always find in the local section or **hidden** at the back of the paper.

The newspaper in front of me is lying open. I read one of the **headlines**. It says:

ESCAPED PRISONERS
HIDE IN MOUNTAINS

"Hey, listen to this!" I say to the others, grabbing the newspaper and **reading** the headline **out loud**.

Tara laughs. "Oooohhh! Escaped prisoners! What if they find us and **take** us **hostage**?! Scary!"

"The West Highlands is the **remotest** part of Scotland," I say, reading the article out loud. "Police say it will be impossible to find the two escaped prisoners as long as they are hiding in

front page – Titelseite; economic – wirtschaftlich; to hide – verstecken; headline – Schlagzeile; escaped prisoner – ausgebrochener Häftling; to read out loud – vorlesen; to take sb hostage – jmdn. als Geisel nehmen; remote – abgelegen the mountains. It's easier looking for a **needle in a haystack**."

"What were they in prison for?" asks Brian.

"They **stole** the **Sceptre** of Scotland. Eight months ago."

"What's the Sceptre of Scotland?" asks Brian.

Oh dear! Poor Brian. He doesn't know what the Sceptre of Scotland is! But, hey, it's not his **fault** he's English.

"Have you never heard of the 'Honours of Scotland'?" asks Alison, surprised.

Brian shakes his head. This is going from bad to worse! I ask myself how this **skinny** little English guy is ever going to survive in Possilpark. We're going to have to make a **Scotsman** out of him. And soon!

"It's the same as your **crown jewels**," explains Tara. "A crown, a sceptre and a sword. The Scottish kings were **crowned** with it until 1650."

"1651," corrects Alison. "Does the article say how much the Sceptre is **worth**?"

"Around ten million pounds. And the crazy thing is, the police still haven't found it!"

needle in a haystack – Nadel im Heuhaufen; to steal – klauen; sceptre – Zepter; fault – Schuld; skinny – dünn; Scotsman – Schotte; crown jewels – Kronjuwelen; to crown sb – jmdn. krönen; worth – wert

"What? You mean the **thieves** hid the Sceptre?" asks Tara.

"Exactly. It says here: 'Originally *three* men were arrested by police **in connection** with the theft from Inverness Castle, where the Honours of Scotland were being shown. Last week the third man **died** in prison **in mysterious circumstances**. The very next day the two other men escaped. Police think that the dead man was the only person who knew where the sceptre was hidden. That is, until now …' "

Brian **whistles** and rolls his eyes. "And now his two friends are going to pick it up and have a party for the rest of their lives. Not bad!"

That's true. You can do a lot with ten million pounds.

As I read the article to the end, I get **goose-pimples**. It just comes over me – my arms, my legs, the back of my neck – as I think to myself: hey, what if we found the Sceptre of Scotland? That would be incredible!

thief – Dieb; in connection – in Verbindung; to die – sterben; in mysterious circumstances – unter mysteriösen Umständen; to whistle – pfeifen; goose-pimples – Gänsehaut

Baden gehen

Es könnte die Eine-Million-Euro-Frage sein: Ist „Haggis“ a) ein Tanzstil aus Schottland, b) die älteste Kirche in Istanbul, c) eine Figur aus der Nibelungensage oder d) das Nationalgericht der Schotten? Schwierig. Ich glaube, ich muss meinen Telefonjoker anrufen.

Die Antwort ist d), das Nationalgericht der Schotten, eine ganz besondere Spezialität. Sie besteht aus dem Magen eines Schafes, gefüllt mit Herz, Leber, Lunge und Nierenfett des gleichen Tieres und ein wenig Zwiebeln und Hafermehl. Es hat eine Konsistenz wie Schlamm und ist sehr scharf gewürzt. Hört sich lecker an, oder?

Mr Barrett hat es gestern für uns gekocht. Ich aß sein liebevoll vorbereitetes Haggis aus reiner Höflichkeit, aber jetzt mache ich mir Sorgen, dass ich meinem Magen damit langfristigen Schaden zugefügt habe.

Die schottische Reisegruppe, die abends in Croik Farm ankam, verpasste die kulinarische Köstlichkeit und durfte eine anständige Brotmahlzeit zu sich nehmen. Butter, Käse, Schinken, so einfach kann's sein. Wie ich sie beneidet habe!

Jetzt ist es acht Uhr am nächsten Tag und das sonderbare Essen liegt mir immer noch schwer im Magen. Die 9c steht bereits am Ufer des Flusses, gewappnet mit wasserfesten Jacken, am Start für die erste Teambuilding-Aktivität der Woche: Kanufahren mit keiner anderen als Mrs Barrett. Ihr Mann ist mit der schottischen Gruppe zum Klettern gegangen.

Sechs uralte Kanus schaukeln sanft an der Wasseroberfläche. Nicht diese schmalen Dinger, wo man alleine drinsitzt mit einer Plastiktüte um den Bauch, sondern breite, lange Kanus, groß genug für eine halbe Fußballmannschaft.

Ich bin zunächst sehr skeptisch hinsichtlich Mrs Barretts Fähigkeit, unsere Kanutour zu leiten, aber nachdem sie ins Kanu gesprungen ist und uns mit stampfenden Füßen vorgeführt hat, wie stabil die „Canadian canoes" sind, schwinden meine Zweifel. Mrs Barrett ist *Superwoman* in Oma-Form.

Wir teilen uns in Fünfer-Teams auf, wieder nach dem Lotterieprinzip, und ich lande mit Marika und drei Jungs aus Brunos Tischtennisverein in einem Boot, unter anderem Florian. Zu Brunos Gruppe, in der Bruno selbstverständlich sofort zum Kapitän befördert wird, gehört auch Janine, worüber sich Bruno sichtlich freut.

Mrs Barrett verteilt die Schwimmwesten und wir steigen in die Boote. Nachdem wir alle selber die Schaukelübung gemacht haben und uns überzeugt haben, dass die Dinger keine Kanus, sondern Wasserpanzer sind, geht es los.

„Don't forget", ruft Mrs Barrett uns zu, als wir lospaddeln, „in this country we drive on the other side of the road. So keep to the left at all times, especially when the river **divides** in two."

Die sechs Canadier fahren los. Herbie, Frau Schröder und Mrs Barrett begleiten uns in einem Dreier-Kajak. Wir paddeln gemütlich das Tal entlang, die Sonne scheint, auf beiden Seiten des Flusses steigen die Berge wie steinige Wolkenkratzer auf, über uns kreist ein Adler. Ab und zu liegt auch eine grüne Wiese zwischen den großen Felswänden und dem Ufer. Eigentlich der perfekte Ort für ein Picknick – abgesehen von den ganzen Schafen, die dort

to divide – sich teilen

grasen und den Boden mit dem Endprodukt ihres Stoffwechsels betupfen.

Bruno sitzt hinten in seinem Kanu und versucht mit einem Lied aus seinem Ruderverein den Paddelrhythmus vorzugeben.

„Über die Wasser, rasch und leis,
rudert's heran im lichten Weiß …“

Er singt alleine, weil niemand anders den Text kennt, aber er singt mit Leib und Seele, vermutlich um Janine zu imponieren.

Nach einer Stunde hört er endlich auf. Er steuert sein Kanu auf meines zu und fährt parallel neben uns.

„Hey, Timo!“, ruft er mit funkelnden Augen. „Wie wär's mit einem Kanurennen?“

Zuerst sage ich nichts.

„Komm, Timo, ein bisschen Spaß muss sein!“, probiert er's noch mal. „Wir könnten bis zur Insel paddeln. Dort warten wir dann auf die anderen.“

Vor uns liegt eine kleine Insel, an der sich der Fluss teilt. Rechts neben der Abzweigung ist die Felswand, an der Mr Barrett und die Glasgow-Gruppe gerade die ersten Kletterübungen machen.

„Lass es, Bruno“, schaltet sich Janine ein. Sie sitzt direkt vor Bruno. „Genieß einfach die

Landschaft. So was haben wir nicht in Bankfurt.“

„Ach, komm, Janine, das ist doch lustig!“, kontert Bruno. „Nur bis zur Insel. Was sagst du, Timo?“

Ich will gerade zustimmen, weil ich glaube, dass wir mit den drei Hochleistungstischtennisspielern im Kanu nicht verlieren können, aber Marika platzt dazwischen.

„Coole Idee, Bruno“, ruft sie ihrem Traumprinz zwinkernd zu. „Seid ihr dabei, Jungs?“

Die Tischtennisjungs nicken wie pawlowsche Hunde. Ich zögere kurz. „Solange wir dort vor der Abzweigung auf die anderen warten“, bestimme ich dann.

„Kein Problem“, sagt Marika und zeigt Bruno den Daumen.

Er strahlt übers ganze Gesicht. „Also, sind beide Mannschaften bereit für den ‚Haggis Challenge‘?“, ruft er lachend. „Das Sieger-Team gewinnt eine Jahresration des schottischen Delikatessmagens! Also, auf die Plätze, fertig, los!“

Das Rennen beginnt. Am Anfang sind die Kanus Kopf an Kopf, aber langsam zieht Brunos Mannschaft weg. Die Tischtennisfreaks scheinen doch nicht so kräftig zu sein. Mangelnde Schultermuskulatur wäre meine Diagnose. Oder es ist tatsächlich so: Bruno ist übermenschlich.

Glücklicherweise gleicht Janine das aus. Als sie aus dem Takt kommt, sorgt sie in Brunos Boot für Chaos. Wie fallende Dominosteine knallen die Paddel gegeneinander und Brunos Kanu kommt zum abrupten Stillstand.

Wir geben Gas und holen sie ein.

„Ist nicht so schlimm“, tröstet Bruno Janine, obwohl sie sich sowieso null ärgert. Doch ihr ehrgeiziger Steuermann bringt sein Team schnell wieder in Schwung. „Und eins, zwei, eins, zwei, eins, zwei!“, ruft er, um den Paddelrhythmus unter Kontrolle zu halten.

Bei uns versucht Marika das Gleiche, aber ihr fehlt die Luft und sie muss keuchend aufhören.

Das Adrenalin schießt mir durch die Adern. Begleitet von einer großzügigen Portion Milchsäure. Paddeln ist total anstrengend. Ich mache eindeutig zu wenig Sport. Ich komme mir vor wie ein Wasserfall in der Regenzeit, so sehr schwitze ich. Dann, kurz vor der Abzweigung, schert unser Kanu plötzlich zur rechten Seite aus. Marika, die hinter mir sitzt und für das Steuern zuständig ist, versucht es wieder auf die Insel zuzulenken, aber es gelingt ihr nicht. Irgendwas zieht uns zur Seite.

„Alle auf der rechten Seite paddeln!“, ruft sie.

Das tue ich schon längst, aber es macht keinen Unterschied. Auf der anderen Seite des Flusses hat Brunos Kanu schon haltgemacht und sie schauen erschrocken zu uns rüber.

Dann sehe ich die Steine. Sie ragen aus dem Flussbett rechts von uns und wirbeln das Wasser zu weißem Schaum auf. Der Fluss geht leicht bergab, das Wasser läuft mit einer rasanten Geschwindigkeit über ein kleines Riff, die Felsen zerreißen die glatte Wasseroberfläche. Stromschnellen.

„Zurück!“, schreie ich und fange an, mit aller Kraft rückwärtszupaddeln, aber Stück für Stück zieht uns die Strömung mit. Wir kommen nicht dagegen an. Mit ein bisschen Glück bleiben wir einfach zwischen den Felsbrocken stecken. Mit ein bisschen Pech: *Titanic*!

Marika fängt an hysterisch zu schreien. „Wir schaffen’s nicht!“, und wenn ich Zeit hätte, würde ich sie darauf aufmerksam machen, dass Rumschreien Kraft und Energie kostet und sie gefälligst den Mund halten soll und ihren Sauerstoff sinnvoller einsetzen könnte.

Aus dem Augenwinkel sehe ich die schottische Gruppe an der Felswand. Sie haben uns gesehen. Manche laufen zum Ufer rüber, aber sie werden uns nicht helfen können. Die Strömung ist zu stark.

Plötzlich reißt es mir das Stechpaddel aus der Hand. Hinter mir fuchtelt Marika so wild herum, dass sie mich getroffen hat. Das Paddel fliegt durch die Luft, platscht ins Wasser und bleibt wie durch ein Wunder zwischen zwei Steinen klemmen.

„Was machst du da?", schreie ich wutentbrannt.

Aber das Paddel ist noch in Reichweite. Ich lehne mich über die Kante des Kanus und strecke meine Hand nach dem Griff aus. Meine Fingerspitzen haben ihn gerade berührt, als plötzlich das Kanu schaukelt. Marika ist im Kanu aufgestanden. Sie schreit und winkt wie eine Wahnsinnige mit beiden Armen zu den Schotten am Ufer.

„Marika, verdammt! Hast du sie nicht mehr alle? Setz dich hin!"

Ich will mich gerade ins Kanu zurückziehen, als das Ding heftig zur Seite wankt. Es nützt nichts. Ich verliere das Gleichgewicht und stürze kopfüber ins Wasser.

Ich tauche unter die sprudelnde Wasseroberfläche und kriege einen Kälteschock. Das eisige Bergwasser flutet in meinen offenen Mund und ich schlucke mindestens einen halben Liter davon. Als ich dank der Schwimmweste wieder auftauche, sehe ich, wie Marika mir etwas zuruft. Doch die Strömung trägt mich weg.

Ich habe gerade mal Zeit, das Wasser auszuspucken und Luft zu holen, bevor ich noch mal nach unten gezogen werde. Als hätte ich Gewichte an den Füßen.

Unter Wasser kracht mein linkes Schienbein gegen einen Felsbrocken. Ich will vor Schmerzen schreien, aber ich bin doch nicht blöd. Im weißen Schaum sehe ich etwas Rotes: Blut.

Als ich wieder auftauche, schaue ich zum Kanu rüber. Die anderen sind in Sicherheit: Das Kanu ist genau zwischen zwei Felsen auf Grund gelaufen. Aber bei mir nimmt die Strömung zu. Ich werde immer weiter weg getragen. Ich ringe um Halt und versuche mich an den Felsen festzuklammern, aber es ist so glatt, dass meine Hände sofort abrutschen. Im Sekundentakt haut mein Oberkörper gegen die Steine wie die Kugel in einer Flipper-Maschine.

Dann spüre ich einen starken Sog. Ich tauche noch mal unter. Mein Kopf knallt gegen et-

was Hartes und pocht vor Schmerzen. Plötzlich wird alles schwarz. Ich höre nicht mal mehr das Geräusch des tobenden Wassers. Nur noch das Lied vom Tod. Jemand spielt es mir in voller Lautstärke.

Ich weiß, dass mein kurzer Besuch auf dieser Erde jetzt zu Ende gehen wird. Unheimliche

Begegnungen der dritten Art warten auf mich. Doch entgegen meiner Erwartungen läuft nicht das ganze Leben im Zeitraffer vor mir ab, so wie in einem Film, all die guten Zeiten in drei Sekunden zusammengefasst. Nein. Es gibt einfach nichts mehr. Gar nichts. Nur Schwarz und Stille.

Mein letzter Gedanke ist: Was für ein scheußlicher Tod!

Wet

I hear the shouts behind me and look over my shoulder to the river. A girl in a canoe is waving her hands, screaming for help. Not exactly great timing for me. I'm holding the **rope** for Brian while he climbs the **rock face**. But Spiderman is back on the ground in a few seconds. He looks over to the river. Everybody else is looking, too. But nobody actually moves. Nobody does a thing. It's like they've all **turned to stone**.

rope – Seil; rock face – Felswand;
to turn to stone – versteinern, zu Stein werden

Then I see that someone has fallen out of the canoe. A boy. His head keeps going under water. He's being pulled towards the **rapids**.

You know me. I don't **hesitate**. I quickly **undo** the rope **attached** to Brian's climbing **belt** and run over to the riverbank. With the rope in my hands I start crossing the river, jumping from one rock to the next.

Don't ask me where I get the **guts** from. It just happens. I don't think about it. I just do it. It's like somebody else is in control of me.

The water **sprays** around my feet like crazy. It's difficult to keep my balance on the rocks, but somehow it works. At one point I almost fall into the water, but it doesn't stop me. I'm almost in the middle of the river. I jump onto a big, **flat** rock. I can stand on it easily. From here I can throw the German boy the rope and pull him onto the rock. He's still **floating** towards me.

I'm just **steadying myself** to throw him the rope when I see he's stopped moving. He's floating down the river like a piece of wood. No

rapids – Stromschnellen; to hesitate – zögern; to undo – losmachen, lösen; to attach – befestigen; belt – Gürtel; guts – Mut; to spray – spritzen; flat – flach; to float – treiben (im Wasser);
to steady oneself – Halt finden

sign of life. He must have **fallen unconscious**. Or – even worse – he's dead. Either way he won't be able to hold onto the rope. That's a problem.

Fortunately, Brian has followed me. He jumps onto the big rock where I'm standing. I know exactly what I have to do: I take my rope and give him one end. Then I take the other end and **attach** it to my climbing belt.

"You have to hold onto me," I shout to Brian over the noise of **the raging current**. "I'm going in!"

Brian nods and attaches his end of the rope to his belt. He holds onto it with both hands and steadies himself on the rock as I go down into the water. The river almost comes up to my **chin**. The current tries to pull me along, but Brian holds onto me with the rope. I **wade** over to where the boy is about to come. On the riverbed I find two stones to stand on and I'm ready as the German boy is washed into my arms.

I grab onto his **life jacket** and try to hold his head above water. His eyes are closed.

to fall unconscious – bewusstlos werden; fortunately – zum Glück; to attach – befestigen; the raging current – die reißende Strömung; chin – Kinn; to wade – waten; life jacket – Schwimmweste

"Hey, wake up! Wake up!" I shout. I don't have the **strength** to **carry** him. Not against the water. He has to help me. He has to walk.

"Wake up!"

But he doesn't move. I **slap** him around the face. Paff!

"Hey! Can you hear me?" I shout.

Then, finally, the boy opens his eyes. He looks at me like he's just drunk two bottles of whisky. He can hardly keep his eyes open. There's a big, red **bump** on his forehead.

"Come on!" I put his arm around my shoulder and pull him up. "You have to walk with me!"

He tries to nod his head.

"Hold on!" I shout.

His hand **grips** my shoulder. His feet find their **footing**. Slowly, bit by bit, step by step, we make our way against the current towards the rock where Brian is standing. Brian helps by pulling us along with the rope.

When we get back to the rock, Brian grabs the German boy and pulls him up. I just about **manage** to climb up after him. I haven't got any

strength – Kraft; to carry – tragen; to slap sb – jmdm. einen Klaps geben; bump – Beule; to grip – packen; footing – Halt;
to manage sth – etwas schaffen

strength left. My legs feel like **jelly**. The German boy spits out a big mouthful of water and starts **coughing** a lot. Brian hits him on the back to get everything out. I lie there for a second, **gasping for breath**, **soaking wet**, hardly able to believe what I've just done. Fran McGregor, you are one crazy girl! Why do you do things like that? You must be **out of your mind**! But then I see the boy who's life I have just saved, and I smile.

Luft holen

Erste Survival-Trainingseinheit bestanden, würde ich sagen. Allerdings mit viel Glück. Ich habe nur eine fette Beule an der Stirn und ein aufgeschürftes Schienbein, aber nichts Schlimmes. Der Arzt meint, morgen sei ich wieder topfit. Ich soll mich erholen und viel schlafen.

Genau das mache ich – der deutsche Patient–, und zwar bis zum Nachmittag des nächs-

jelly – Götterspeise; to cough – husten;
to gasp for breath – nach Luft schnappen; soaking wet – klatschnass;
to be out of one's mind – nicht alle Tassen im Schrank haben

ten Tages. Mr und Mrs Barrett haben mich in ihrem Gästezimmer einquartiert und als ich aufstehe, entdecke ich Herbie im Wohnzimmer. Er ist vor dem Fernseher eingepennt. Schottisches Fernsehen: die reinste Schlaftablette.

Die zwei Gruppen sind unterwegs. Heute ist unsere Klasse mit Klettern dran. Nach *Titanic* jetzt *Cliffhanger*. Die Schotten fahren Kanu. Ich kann mich nicht mehr daran erinnern, was mit mir gestern passiert ist. Im Wasser wurde alles schwarz. Als ich wieder aufwachte, lag ich im Gästezimmer der Barretts. Ich habe eine vage Erinnerung an ein Mädchen, das mich nett anlächelte, aber ich weiß nicht mehr, wie sie aussieht. Mal warten, bis die Schotten nach Hause kommen.

Ich will ein Buch aus meinem Zelt holen, aber ich bleibe vor dem Zeltplatz stehen. Ich schaue auf die kleine Kapelle, die ich bei unserer Ankunft von der Straße aus gesehen hatte. Aus irgendeinem Grund weckt sie mein Interesse. Sie steht auf der Wiese neben unserem Matschacker und sieht in diesem verlassenen Tal völlig fehl am Platze aus.

Als ich über das Feld gehe, bemerke ich die Ruinen auf der anderen Seite des Flusses. Hier muss es früher ein Dorf gegeben haben.

Ich bleibe vor dem Portal der Kapelle stehen und versuche die Tür zu öffnen, aber sie ist abgeschlossen. Ich gehe um die Kapelle herum und schaue sie an. Sie ist ganz klein, mit einer winzigen Turmspitze und zwei schmalen Fenstern. Am Turm ist auch noch eine Tür, aber sie ist ebenfalls zugesperrt. Wahrscheinlich hat seit Jahrzehnten niemand mehr die Kapelle betreten.

Ich mache einen Schritt zurück und schaue zum Turm hoch. Plötzlich ertönt eine Stimme hinter mir und erschreckt mich fast zu Tode.

„That bell hasn't been **rung** for over fifty years", sagt ein Mann.

Ich fahre erschrocken herum und atme erleichtert auf. Es ist nur ein Polizist: blau-weiß karierte Kappe, dunkelblauer Rollkragenpulli, Schnauzer auf der Oberlippe, verspiegelte Sonnenbrille, ein großer Typ. Ich sehe mein eigenes Spiegelbild in seiner Brille. Mann, habe ich eine Riesennase!

„Looking for anything **in particular**, young man?", fragt er mich misstrauisch.

„No", antworte ich kurz und halte mich dabei an meine einfache Fremdsprachenmethode. Aus irgendeinem Grund habe ich plötzlich

to ring – läuten; in particular – insbesondere, Besonderes

ein schlechtes Gewissen, als ob ich gerade beim Einbruch erwischt worden wäre.

„What are you doing here?“, fragt er.

„I am at Croik Farm“, erkläre ich in holprigem Englisch. „I am from Germany.“

Das war viel mehr als nur ja und nein.

„Are you alone?“

Ich schüttele den Kopf. „No. I am with my class. But yesterday I had an **accident**. On the river. Because of that I have to … to …“ Wie sagt man *sich erholen*? „Ähm … I have to sleep a lot. So today I stay at home.“

Hey! Ich spreche fließend Englisch! Und ich wusste es nicht mal!

Der stille Polizist nickt langsam und bedacht. Er schaut zunächst zum Turm hoch. Auf seiner Brusttasche ist ein metallisches Namensschild befestigt: „Charles Fletcher“.

„Three hundred years ago, when people still lived here, they used to ring the bell when **wolves** came into the village“, erzählt er mir. „And then the people came out of their houses with their shotguns and – BANG! –“, der Polizist schießt mit einer unsichtbaren Waffe, „they were all dead!“

„There are no wolves left in Scotland?“, frage ich neugierig.

Der Polizist grinst leicht. „Not for three hundred years. But now the **government** are bringing them back.“

Plötzlich höre ich lautes Getöse von der Farm her. Die zwei Gruppen kehren zurück.

accident – Unfall; wolf/wolves – Wolf/Wölfe; government – Regierung

„I must go“, sage ich entschuldigend und beiße mir in den Hintern, weil es eigentlich „I have to go“ heißt.

„Okay, **lad**, get well soon“, sagt der Polizist freundlich und bleibt stehen.

Während ich zurück zum Hof laufe, sehe ich, wie der Polizist ebenfalls versucht in die Kirche zu gelangen. Vielleicht will er beten.

Als ich den Hof betrete, stürzen sich alle auf mich, Schotten und Deutsche zugleich.

„Are you feeling better?“

„Wie geht's?“

„How's your head?“

„Alles paletti?“

„Are you fit for tomorrow?“

„That was a close shave!“

Ich will gerade dem Letzten sagen, dass ich mich eigentlich noch gar nicht rasiere, aber da kommt Herbie auf uns zu.

„Der Erste-Hilfe-Kurs fängt gleich an“, erinnert er uns. Okay, dann jetzt halt auch noch *Emergency Room*. Sehr teambuildingmäßig. Zuerst hauen wir uns die Köpfe ein, dann flicken wir uns selbst wieder zusammen.

Nachdem sich die halbe Welt nach meinem

lad – Junge

Zustand erkundigt hat, versammeln wir uns in der großen Scheune zusammen mit der schottischen Gruppe. Der Erste-Hilfe-Lehrer ist natürlich kein anderer als Mr Barrett. Frau Schröder steht als Dolmetscherin neben ihm und hilft, unsere sprachlichen Wissenslücken zu überbrücken.

„For the first demonstration I need a volunteer", gibt Mr Barrett bekannt.

„Er braucht eine Freiwillige", flüstert uns Frau Schröder zu. „Oder einen Freiwilligen."

Genau das habe ich befürchtet. Deswegen stehe ich am äußeren Rand des Kreises. Ich lehne mich zurück und versuche so gut wie möglich mit der Wand zu verschmelzen.

„Janine? Wie wäre es mit dir?", ruft Herbie. „Du bist doch nicht zimperlich."

Janine tritt aus dem Kreis nach vorne. Auf sie ist immer Verlass.

„Thanks for volunteering", freut sich Mr Barrett und zeigt auf eine Matte, die am Boden liegt. „If you could just lie down on your back."

Als Janine der Anweisung folgt, sehe ich ein Mädchen, das mir aus irgendeinem Grund bekannt vorkommt: blond gefärbte Haare, lockig, nach hinten geknotet, lose Strähnen im Gesicht. Große, dunkle Augen mit schwarzem

Kajal umrandet. Rote Lippen. Kräftig, ein bisschen pummelig, aber nicht dick. Volles Gesicht, offen, hübsch, lustig. Army-Hosen, Jeansjacke und ein lustiges T-Shirt mit dem Aufdruck: „Real Men Wear **Kilts**"! Sie steht auf der anderen Seite des Raumes und verfolgt das Geschehen.

„Today our theme is 'resuscitation' ...", fährt Mr Barrett fort.

„– Wiederbelebung –", übersetzt Frau Schröder dazwischen.

„... Although yesterday we had a **first-hand experience** of a very effective resuscitation method", sagt Mr Barrett schmunzelnd und deutet mit dem Kopf auf das blonde Mädchen gegenüber.

Alle im Raum fangen an zu kichern. Das Mädchen wird rot.

Auf einmal wird mir klar: Sie ist diejenige, die mir gestern das Leben gerettet hat. Aber wie? Was hat sie mit mir getan? Warum lachen alle?

Mr Barrett hebt beschwichtigend seine Hände – „Okay! Okay!" – und das Kichern hört auf. „There's nothing wrong with slapping so-

kilt – Schottenrock; first-hand experience – Erfahrung aus erster Hand

meone around the face to wake them up! But in **cases** when someone has actually stopped **breathing**, that's just not enough …"

Ach so, sie hat mich geschlagen! Aber von ihr geschlagen zu werden ist wirklich nicht so

case – Fall; to breathe – atmen

schlimm. Eher eine Ehre. Wenn die keine *Pretty Woman* ist, dann weiß ich auch nicht.

Auf einmal schaut sie hoch und sieht, dass ich sie gerade beobachte. Für einen kurzen Augenblick, der sich wie eine Ewigkeit anfühlt, schauen wir uns in die Augen. Dann lächelt sie mich an und mein Herz fängt an zu rasen. Ein Blick von ihr kann einen zum Mond und wieder zurück befördern.

Plötzlich schießt Bruno Beuttners Hand wie ein Katapult in die Luft und unterbricht Mr Barretts Erklärung.

„Was ist, Bruno?“, zischt Herbie genervt.

„Mr Barrett braucht bestimmt noch einen Freiwilligen!“, hofft Bruno, der sehnsüchtig Janine anstarrt. Seine Augen sind so groß wie Fußballtore. „Mund-zu-Mund-Beatmung“, fügt er fast atemlos hinzu, „das kann ich total gut. Wirklich.“

Mr Barrett schaut noch mal in die Runde. „We need a second volunteer.“

Bruno fängt an, auf und ab zu springen, aber Mr Barrett wendet sich an Janine.

„You choose“, fordert er.

Der arme Bruno. Er ist wie ein Hundertmeterläufer, der immer kurz vor der Ziellinie über seine eigenen Schnürsenkel stolpert.

Janine sieht mich an der Wand stehen, grinst und nickt mir zu. „Timo!“

Nein! Meine Tarnung als Wandsäule hat doch nicht funktioniert.

„Good. Come over here, Timo“, winkt Mr Barrett mich ran, „and **kneel down** next to your girlfriend, please.“

Sie ist gar nicht meine Freundin. Also, nicht meine *Girl*freundin!

„The most effective method of resuscitation is not mouth-to-mouth resuscitation, but mouth-to-*nose* resuscitation ...“, erklärt Mr Barrett der Gruppe und wendet sich an mich. „Put your hand under her chin and keep her mouth closed. Then **take a deep breath** und blow the air into her nose ...“

Ich knie mich neben Janine und denke: Sie ist meine beste Freundin, aber trotzdem weiß ich nicht, ob ich wirklich in ihre Nase pusten will.

Ich schaue Herbie hilflos an. „Wie? Ich soll das tatsächlich machen?“, frage ich verzweifelt.

Herbie winkt mir ermutigend zu. „Also los, Timo. Es geht um Leben und Tod. Jede Sekunde ist entscheidend.“

to kneel down – sich hinknien; to take a deep breath – tief einatmen

Janine schmunzelt. „Es ist okay“, sagt sie und schließt die Augen, um sich innerlich darauf einzustellen, „ich habe gerade die Nase geputzt.“

Ich schaue kurz hoch und mein Blick findet sofort wieder das schottische Mädchen. Wenn meine Augen Magnete wären, dann wäre sie der Nordpol. Ich hoffe, sie versteht das hier nicht falsch. Janine und ich treffen uns nicht regelmäßig, um einander Luft in die Nasen zu blasen.

Also, ich tue, was Mr Barrett sagt. „You blow in air fifteen times every minute“, erklärt er weiter. „And you should check to see if the patient’s **chest** is moving up and down …“

„Muss man dafür nicht die Bluse aufmachen?“, fragt Florian frech.

Marika, die neben ihm steht, versetzt ihm einen Stoß in die Rippen. „Das ist keine anatomische Untersuchung, du Dummbatz!“

Das geht zu weit für Lea, die plötzlich Marika anschnauzt. „Die Einzige, die hier anatomisch untersucht werden sollte, bist du. Und zwar im Kopf!“

Für einen Augenblick sieht es so aus, als ob

chest – Brustkorb

der alte Krieg in unserer Klasse gleich wieder auszubrechen scheint, aber bevor weitere Stimmen laut werden, bricht Janine in Gelächter aus.

„Das kitzelt!", kreischt sie und schubst mich mit rotem Kopf weg.

Ich springe sofort auf, dankbar, dass die unangenehme Übung zu Ende ist.

„I think she is **alive**", berichte ich Mr Barrett und reiche meiner Patientin die Hand, um ihr wieder auf die Beine zu helfen.

Als ich unter tobendem Applaus und Pfiffen wieder ins Publikum zurückkehre, werfe ich einen Blick über meine Schulter auf das schottische Mädchen. Sie lacht. Ich mag ihr rundes Gesicht, ihre Augen. Vor allem mag ich, was sie ausstrahlt. Sie hat Energie.

Ich muss unbedingt mit ihr reden. Gleich, beim Abendessen. Für sie würde ich sogar einen Schottenrock anziehen …

to be alive – am Leben sein

Dirty Dishes

It **happened** while I was washing **the dishes** after dinner.

Brian was helping me and we were just talking about the big **hike** tomorrow when someone comes into the kitchen. It's the German boy who I pulled out of the river yesterday.

When he sees me, he smiles and **goes red**.

"Hi! I … er … I …" he starts off **awkwardly**. "Can I … er … help you with the washing up?"

Brian moves like a **shot**. He **drops** the plate he's washing into the **sink** and quickly **dries** his hands on a towel.

"Be my guest!" he says, almost running towards the door. "There's something I need to do …"

The German boy comes over to the sink, takes the plate out of the water and smiles at me again.

"I hope I don't fall in this time," he says,

to happen – passieren; the dishes – das Geschirr; hike – Wanderung; to go red – rot werden; awkward – verlegen; shot – Schuss; to drop – fallen lassen; sink – Spüle; to dry – trocknen pointing at the **soapy dishwater**. "Thanks for your help yesterday."

I'm just about to say something like: "It was no **big deal**" or something, when Brian comes running back into the kitchen. "Uhm, excuse me …" he says, turning to the German boy, "I just wanted to ask you … that girl from your group, the one with the black hair, what's her name?"

"Marika," is the answer.

"Thanks!" That's all the information Brian needs. He smiles and runs out of the kitchen again.

Who is Marika? Brian didn't say anything about her.

"Marika is okay," says the German boy, as if he can **read my thoughts**. "She's just a bit … how do you say …?"

"Mad?" I suggest.

"**Insecure**," he says with a smile. Aren't we all?

"My name's Timo by the way", says the German boy, taking a soapy hand out of the water and holding it up to me. "And you are?"

soapy dishwater – seifiges Spülwasser; a big deal – eine große Sache;
to read sb's thoughts – die Gedanken von jmdm. lesen;
insecure – unsicher

I tell him my name and he gives me this big smile – like in a **toothpaste advertisement** – and I can't help thinking about how I **hit** him around the face yesterday.

Then we start talking. And we don't stop until the very last dish is dry and **polished** like a jewel. Timo asks me all about myself. A hundred questions with a thousand answers. I like talking to him. It's easy and interesting, and it feels good. The thing I like most about him is that he makes me laugh.

But there's one thing I have to **clear up**. Does he have a girlfriend or not? There's only one way to find out: ask.

"Did you enjoy the First Aid course?" I **enquire** indirectly.

Timo goes red again and looks at the floor. He knows exactly what I'm talking about. "Er, not really …"

Interesting. "Why not?" I **probe**. "Your girlfriend looked like she enjoyed it."

Timo looks up at me with his big, blue eyes and says, "You mean Janine? No. She's just a f…"

toothpaste advertisement – Zahnpastawerbung; to hit – schlagen; to polish – polieren; to clear up – klären; to enquire – sich erkundigen; to probe – nachhaken

But he doesn't finish his sentence. All of a sudden the very same Janine comes into the kitchen. **Talk of the devil**. She's a very pretty girl, I have to say, but very **skinny**, too. Too skinny for my taste. I bet she **weighs** herself every morning before going to school.

She says hello to me, then something in German to Timo. It's the end of our conversation.

"We have a meeting with the teachers", explains Timo **shyly**. "I have to go."

"It's okay," I say, **lying**. "The dishes are finished."

"I'd better go," he says. "It was nice talking to you, Fran."

And he follows Janine out of the kitchen.

But the way he said my name stays with me in the kitchen. The sound of his voice **echoes** in my head. I've got the feeling that something very special has just happened.

Talk of the devil! – Wenn man vom Teufel spricht!; skinny – dünn; to weigh – wiegen; shy – schüchtern; to lie – lügen; to echo – widerhallen

Mist

Am nächsten Tag müssen wir um fünf Uhr aufstehen. Das ist nicht hart, das grenzt an Rechtswidrigkeit.

Um sechs brechen wir auf. Das Ziel: Ben Dearg, der höchste Berg in der Gegend, mehr als viermal höher als die Commerzbank in Frankfurt. So heißen übrigens die ganzen Berge hier in Schottland: „Ben Irgendwas". Janine hat mir erzählt, dass „Ben" gälisch ist – die ursprüngliche Sprache der Schotten – und „Berg" bedeutet. Keine Ahnung was „Dearg" heißt. Wahrscheinlich „verdammt groß", oder so.

Als wir losziehen, wacht die Gruppe schleppend auf und Stimmung kommt auch nur langsam auf. Wir folgen dem sich schlängelnden Fluss zum nächsten Glen und fangen die erste Besteigung an. Es wird viel gescherzt und erzählt, aber die zwei Gruppen mischen sich nicht. Nach ein paar Stunden verfällt die Wandertruppe in kollektives Schweigen, als ob die monotone Bewegung des Gehens uns alle nachdenklich gemacht hätte.

Ich denke über das gestrige Gespräch mit Fran nach. Komischer Name, finde ich. Hört sich an wie eine Keksmarke oder ein neues Putzmittel – „Fran Ultra, schnell und effektiv, lässt Ihr Badezimmer glänzen!“ –, ist angeblich sehr schottisch. Aber Name hin oder her, Fran ist supernett. Es war schön, mit ihr zu reden. Ziemlich locker und unkompliziert. Ich weiß jetzt vieles über sie. Vater: das Herz der Familie, Fahrlehrer, Glasgow-Rangers-Fan, spielt Golf. Mutter: Sozialarbeiterin, viel unterwegs, keine Zeit für ihre Kinder, lebt für ihre Arbeit. Schwester: klein, niedlich, sieht zu Fran auf. Schule: läuft, nichts Aufregendes. Lieblingsfach: Geschichte. Traumjob: Stadtplanerin. Hobbys: Jugendzentrum in Possilpark, Tischtennis, Lesen – vor allem Zeitungen –, Freunde, Menschen. Wenn sie von ihrem Leben erzählt, hört es sich ziemlich abenteuerlich an. Ich glaube, ich selbst gucke zu viele Filme.

Ich wollte nicht, dass das Gespräch mit Fran zu Ende geht, aber als Janine auftauchte, fühlte ich mich ganz komisch. Wie ein Verräter. Ich wollte Fran erklären, dass Janine nicht meine Freundin ist, dass ich definitiv solo bin, falls – na ja, einfach falls – aber ich weiß nicht, ob ich es deutlich genug gesagt habe.

Ich schaue mich um und suche Fran noch mal. Jetzt wäre eine gute Gelegenheit, das Gespräch fortzusetzen. Schließlich haben wir noch vier Stunden Zeit!

Doch als ich sie sehe, rutscht mir das Herz in die Hose. Sie geht ganz vorne, als Kopf der Wandergruppe, sogar vor Herbie und Mr Barrett, und spricht mit keinem anderen als Bruno Beuttner. Bruno „Schmarotzer" Beuttner! Wie geht das Lied? „You can't always get what you want"? Ich hätte es ahnen müssen: So ein flottes Mädchen wie sie steht eher auf einen wie „Mr Perfect". So ist es im Leben. Echt ein harter Schicksalsschlag. Muss der Typ *immer* Erster sein?

Plötzlich steht Janine neben mir. „Ist alles in Ordnung?", fragt sie besorgt.

„Höhenkrankheit", erwidere ich knapp, ohne sie anzuschauen.

„Aber wir sind doch erst auf sechshundert Meter", sagt sie überrascht und starrt mich durchdringend an. „Du bist ganz blass! Willst du einen Schluck trinken?"

Nur wenn das Wasser mit Steroiden versetzt ist, damit ich Bruno ins Weltall boxen kann.

„Beschäftigt dich was?", fragt Janine nachdenklich.

Ich schüttele stumm den Kopf. Was soll ich Janine sagen? Dass ich mich zu Tode ärgere, weil das Mädchen meiner Träume sich gerade den größten Angeber der Welt angelt? Dass ich mich gerade in jemand anders verliebt habe – nicht in sie?

Aber als ich merke, dass wir ziemlich weit hinter der Gruppe hängen und ganz alleine sind, fällt mir ein, dass Janine und ich immer noch nicht über „unser Problem“ gesprochen haben. Irgendwann muss ich mit ihr darüber reden. Vielleicht jetzt?

Ich zögere. Wie macht man das? „Hör mal, Janine, mein sechster Sinn sagt mir, dass du heimlich in mich verliebt bist, aber – hey! – du weißt doch: Das ist eine aussichtslose Sackgasse. Außerdem bin ich in jemand anders verknallt ...“

So vielleicht? Ich glaube nicht.

Ich wende mich zu Janine und versuche nicht mehr an das schottische Mädchen zu denken. Jetzt geht es um Janine und mich.

Dann, so kühn, wie ich bin, springe ich einfach ins kalte Wasser. „Sag mal, Janine, wie ist es bei dir ... mit ... also, mit der ... Liebe und so ...?“

Das ist doch ein guter Anfang. Janine bleibt

schlagartig stehen, kneift die Augen zusammen und schaut mich fragend an. Was ist? War ich zu direkt?

„Wie meinst du das?“, fragt sie misstrauisch.

Auf einmal finde ich, dass der steinige Weg unter meinen Füßen sehr aufmerksamkeitsbedürftig ist. Ich schaue auf das Geröll, ein Mosaik abgebrochener Steinstücke, und rede verunsichert weiter: „Einfach so. Ich dachte, vielleicht hast du jemand Neues in deinem Leben?“

Janine lacht spöttisch. „Wen zum Beispiel?“

„Keine Ahnung.“ Ich schaue kurz hoch und sehe, wie Fran und Bruno immer noch angeregt miteinander reden. „Bruno vielleicht?“

„Wie kommst du darauf?“ Janine schaut mich verblüfft an.

„Ich meine“, murmele ich kleinlaut, „er hat auch seine Qualitäten ...“

Janine versteht nicht, was ich meine. Zu Recht. Sie mustert mich fassungslos und ich fühle mich wie der größte Haufen schottischer Schafskacke, den es je gegeben hat. Guinnessbuchwürdig. Ist doch klar, was ich gerade versuche, oder? Ich will Janine mit Bruno verkuppeln, damit Fran sich nicht in „Mr Perfect“ verliebt. Was ist das für ein Schwachsinn?!

Und ich wollte eigentlich nur mit Janine über *uns* reden.

„Hör mal“, schlucke ich und fasse Mut für einen neuen Anlauf, „ich will nur, dass alles gut ist zwischen uns.“

Überraschung in Janines Blick. „Warum? Stimmt etwas nicht?“

Da taucht plötzlich der Gipfel von Ben Dearg auf. Das Ziel liegt auf einmal vor meinen Augen.

„Doch, doch, eigentlich stimmt alles“, fahre ich fort, „solange nichts dazwischenkommt.“

„Was, zum Beispiel?“, fragt Janine nach.

„Gefühle vielleicht.“

Janine bleibt wieder stehen, ihr Gesicht eine Mischung aus Freude, Angst, Vorahnung und Hoffnung. Sie schaut mich mit zwei Riesenaugen an.

„Bist du … Hast du für mich …? Willst du mir sagen, dass …?“, stammelt sie erwartungsvoll.

Nein. Nicht *meine* Gefühle! Deine. Für mich.

Ich bleibe auch stehen, die Wandergruppe marschiert weiter. Wir hängen mittlerweile ziemlich weit zurück. Oben schwebt eine große Nebelwolke an den Seiten des Gipfels und verschlingt seine Felsen wie eine dicke, graue Decke.

„Ich möchte nur sagen“, versuche ich so klar wie möglich zu sein, ohne Janines Gefühle zu verletzen, „dass wir gute Freunde sind, und wenn einer von uns andere Erwartungen hat und nichts sagt, dann wird es schwierig …“

Da. Ich hab’s gesagt. Deutlicher könnte ich nicht sein, oder?

Janine verschlägt es die Sprache. Sie scheint mich verstanden zu haben. Wie ein Fisch zur Fütterungszeit macht sie mehrmals den Mund auf und zu, aber es kommt nichts raus.

„Wir müssen einfach ehrlich und offen miteinander sein …“ Jetzt bin ich in Fahrt. Ich darf nicht aufhören. Noch nicht. Nicht bevor alles ausgesprochen ist.

Ich mache einen Schritt auf Janine zu. Sie sucht immer noch verzweifelt nach Worten. Ihre Augen werden plötzlich feucht.

„Janine“, sage ich sanft, „ich muss es einfach wissen: Sind deine Gefühle für mich nur freundschaftlich …?“

Plötzlich reißt sie die Augen auf. Todesangst zeichnet ihr Gesicht. Ein Blick puren Horrors. Hey, komm schon, so schlimm ist es ja nun auch nicht! Es geht hier nicht um Leben und Tod.

Aber Janine schaut gar nicht mich an. Sie starrt erschrocken über meine Schulter.

„Oh, mein Gott!!“, haucht sie angsterfüllt. Ihr stockt vor Überraschung der Atem.

Ich drehe mich um und folge ihrem Blick. Auch ich erstarre. Die Wandergruppe ist weg, verschwunden. Der dichte Nebel ist mittlerweile vom Gipfel runtergeschwebt und hat den kompletten Berg geschluckt. Irgendwo in der milchigen Masse stecken die anderen.

„Ach du …!“ Ich packe Janine an der Hand und ziehe sie nach vorne. „Schnell. Wir müssen die Gruppe einholen!“

Wir fangen an zu rennen, aber nach ein paar Schritten müssen wir anhalten. Binnen Sekunden sind wir ebenfalls von Nebelschwaden verschlungen. Wir können nicht mal den Weg unter unseren Füßen sehen.

Janine bleibt verängstigt stehen. „Ich sehe nichts!“, klagt sie.

Ich drücke fest ihre Hand. Ihr Gesicht verschwimmt, als der Nebel immer dichter wird. Ich kann sie mittlerweile kaum sehen, nur die Umrisse ihres Kopfes. Es ist alles bloß grau. Meine Füße sind schon in Nebelschwaden getaucht.

Mist, nun auch noch *The Fog* – hoffentlich ist das kein Nebel des Grauens!

„Hilfe!“, schreit Janine laut. „Herr Bruckner! Wo seid ihr alle?“

Janines Stimme klingt panisch.

„Herbie!“, rufe ich noch lauter. „Wir sind hier! Hören Sie uns?“

Zu meinem Entsetzen sind nur meine eigenen widerhallenden Worte zu vernehmen.

„Hören Sie?“, wiederholt mein Echo.

Rufen ist zwecklos. Der Nebel schluckt meine Schreie wie die Riesenschlange Menschen in *Anaconda*.

„Ich habe Angst“, zittert Janine neben mir.

„Keine Panik“, sage ich, obwohl ich gerade selber eine Herzfrequenz von fünfhundert Schlägen in der Minute habe. „Wir müssen die Ruhe bewahren. Der Nebel wird sich gleich verziehen.“

Aber das Gegenteil passiert. Der Nebel wird immer dichter. Janine ist nicht mehr als ein dunkler Schatten neben mir. Alles ist sehr still.

Ich muss an Mr Barrett denken. Er hatte das Wetter in den Bergen als „unpredictable“ beschrieben. Wie das Wetter, so die Menschen, meinte er. Ich hatte direkt danach das Wort in meinem Wörterbuch nachgeschlagen. Es heißt „unberechenbar“ – so wie Bruno Beuttner – aber nicht mal er hätte diesen unglaublichen Launenwechsel hingekriegt. Gegenüber dem Wetter hier ist Bruno Beuttner der Inbegriff von Vorhersagbarkeit.

Janine schreckt mich aus meinen Gedanken. „Da ist jemand!“, schreit sie überschwänglich und bevor ich sie zurückhalten kann, schüttelt sie mich ab und fängt an hinter der unsichtbaren Gestalt herzulaufen. „Hey, warten Sie!“, ruft sie, als sie im Nebel verschwindet.

Sie ist weg.

„Janine! Nein!!“, schreie ich ihr panisch hinterher. Instinktiv laufe ich ihr nach, aber ich kann sie jetzt schon nicht mehr sehen. „Janine! Wo bist du?!“

Ich stolpere zögerlich weiter. Ich habe meine Orientierung komplett verloren. Es ist wie gehen mit geschlossenen Augen. Blindekuh spielen ohne Spaß. Das Geröll unter meinen Füßen rutscht bei jedem Schritt. Ich habe Angst, dass ich gleich in den Abgrund stolpern könnte. Es ist supergefährlich.

Dann höre ich einen Schmerzensschrei. Janine! Sie ist gestürzt!

Jetzt geht die Panik in mir richtig los. „Janine!“, rufe ich und stolpere verzweifelt durch das graue Nichts weiter, immer schneller. Nach einer kurzen Pause höre ich ein Schluchzen. Janine weint. Aber ich sehe sie immer noch nicht.

„Janine? Bist du verletzt?“

„Nein“, kommt ihre klägliche Stimme aus der Nebelwand.

„Bleib, wo du bist. Sprich weiter …“

Mithilfe ihrer Stimme gelingt es mir, Janine zu orten. Als ich sie endlich aufspüre, hockt sie am Boden und weint.

„Da war jemand. Ich schwöre es dir!“, beteuert sie schluchzend. „Es war ein Mann, ein großer Mann. Glaub mir!“

„Ich glaube dir, Janine“, beruhige ich sie, aber Fakt ist: Es gibt keine Menschenseele in diesen Bergen außer uns. Das hat uns Mr Barrett gesagt. Wir sind mehr als zwanzig Kilometer vom nächsten Dorf entfernt.

„Was machen wir jetzt?“, will Janine wissen.

„Wir warten, bis der Nebel weg ist.“ Ich ziehe meine Regenjacke aus dem Rucksack und breite sie auf dem Boden aus. „Komm, setz dich neben mich.“

Janine rutscht eng an mich ran und ich lege meinen Arm um ihre Schulter. Ihre rechte Hand ist von ihrem Sturz ein bisschen aufgeschürft. Ich puste drauf, drücke sie fest und rüttele sie zur Aufmunterung.

„Keine Sorge“, sage ich und bin froh, als Janine es wieder schafft zu lächeln. „Alles wird gut …“

Die Frage ist nur, ob das wirklich stimmt.

Missing

"Bruno, are you there?"

What would you do in my situation? You're all alone on a mountain, **wrapped** in a **fog** so thick you can't even see your **outstretched** hand. Do you a) scream your head off, b) run, or c) sit down and **cry**? I could easily do all three of these things right now, but instead I just keep on walking in the direction I think Bruno went.

"Bruno?" I say a bit louder. "Can you hear me?"

I don't want to shout. No. No shouting, no screaming, no running, no crying. No need to panic. Just stay **calm**. Breathe in, breathe out. Everything will be fine. Bruno can't be that far away. The **mist** will **clear** any minute.

It was stupid of us. Stupid of me. I don't know why I did it. It was **irresponsible**, just crazy. We shouldn't have **left** the group **behind** us. It was Bruno's idea, but I could have said

to wrap – einhüllen; fog – Nebel; outstretched – ausgestreckt; to cry – weinen; calm – ruhig; mist – Nebel; to clear – aufklaren; irresponsible – unverantwortlich; to leave behind – hinter sich lassen "no". I could have **stayed** where I was. Now there's no way we'll be able to find the group. At least, not until the fog clears.

It was Timo I really wanted to talk to. I wanted to **continue** our conversation from yesterday, but whenever I saw him, his girlfriend – or **whoever** she is – was next to him. So I stayed away. Just in case she's more than just a friend. I mean, I don't want to make the wrong **impression**.

Then I saw another German boy at the head of the group. Curly, brown hair, **broad** shoulders, a **dimple** on his chin. The sporty type. He was walking **all on his own**, like a general in front of his army. I thought: why not talk to him? I don't know, maybe I wanted to make Timo **jealous**. Maybe I was just being friendly. But I did it. I went up to the good-looking German boy and started to talk to him. His name was Bruno.

It was a bad idea. First of all, the conversation didn't exactly **flow** with Bruno. Secondly, I'm now standing here alone in the fog feeling completely helpless.

to stay – bleiben; to continue – fortsetzen; whoever – wer auch immer; impression – Eindruck; broad – breit; dimple – Grübchen;
all on one's own – ganz allein; jealous – eifersüchtig; to flow – fließen

"Bruno? Where are you?"

Bruno seemed a lot more interested in looking over his **shoulder** at the girl next to Timo than talking to me. Janine again. He **hardly** said a word to me. I did all the talking. Then, just as we saw the summit of Ben Dearg in front of us, he said, "Come on! Let's have a **race** to the top of the mountain!"

He was actually serious. He didn't want to talk. He just wanted to race me. Like a little kid. He had this big smile on his face. His eyes **sparkled** cheekily. And without waiting for an answer, he started running towards the top of the mountain.

I looked back to the group. We were already quite far **ahead** of them, but I thought: Why not? A race to the top? I mean, we can wait for them when we're there. So I started to run after Bruno.

It was so absurd, so **ridiculous**, but it was actually quite funny. There we were, two teenagers having a race up the mountain like two five year-olds. Bruno was laughing. It was like he had **come alive**. I had to laugh, too. That is, until I saw the fog.

shoulder – Schulter; hardly – kaum; race – Rennen; to sparkle – funkeln; ahead – vor; ridiculous – albern; to come alive – lebendig werden

I've never seen anything like it. It was like someone had thrown a **blanket** over me. One minute I'm running after Bruno, the next I can't even see him! Total **disorientation** in less than ten seconds. I have no idea where is up and where is down. It's like I'm standing in **outer space**.

Bruno can't have been more than twenty **yards** in front of me. I don't understand why he's not answering my calls. He must be able to hear me. I hope nothing bad has happened to him. An accident or something. I try calling a bit louder, making sure the panic stays out of my voice: "Bruno?"

I take another step **forward**. Each step feels dangerous because I don't know where my feet are. Then, all of a sudden, something **leaps** out of the fog at me, shouting "Aaarrgghhhh!". I jump out of my skin. My heart just stops like **the fuse has blown**. I feel a hand take my hand and pull me closer. Then I see Bruno's smiling face.

"Hello! It's me!" he laughs. "I won!"

blanket – Decke; disorientation – Orientierungslosigkeit;
outer space – Weltall; yard – britisches Längenmaß (0,9244 Meter);
forward – nach vorne; to leap – springen;
the fuse has blown – die Sicherung ist durchgebrannt

Very funny. I'm so happy to see him, I could even laugh at his stupid **joke**. But this is no time for joking. This is serious. Very serious. We could be in **trouble** here. We have to find the group. As soon as possible. But how?

Bergab

Ich weiß nicht, welche Worte ich am liebsten höre. Die von Janine: „Danke, dass du vorhin mit mir gesprochen hast. Jetzt weiß ich, wo ich stehe. Es ist alles in Ordnung. Wir werden immer Freunde bleiben ..." Oder die, die aus dem Nebel kommen: „Hello? He-ll-oo?! Can anyone hear me?" Die Stimme eines Mädchens. Ein schottischer Akzent. Schwach, weit entfernt, aber hörbar. Beide schenken mir ein ganz warmes Gefühl im Bauch.

Janine und ich sitzen an der gleichen Stelle wie vorher, der Nebel ist immer noch nicht abgezogen. Wir haben schon die Hoffnung aufgegeben, dass uns die Gruppe wiederfindet.

joke – Scherz; trouble – Schwierigkeiten

Es ist kalt und wir sind nass bis auf die Knochen.

Laut meiner Uhr – die ich nur lesen kann, wenn ich sie ungefähr zehn Zentimeter vor meine Nase halte – warten wir hier seit über anderthalb Stunden. Es gibt nicht das geringste Anzeichen, dass sich die Wetterlage ändern wird. Es ist, als ob wir hinter Schloss und Riegel sitzen.

„Hello?!", kommt noch mal der Ruf und ich springe auf. Ich kenne die Stimme: Das ist Fran!

„Hier rüber!", rufe ich ins Nichts. „Over here!"

Langsam und unsicher tastet sich eine schattige Gestalt aus dem Nebel.

„I can see you!", rufe ich und laufe auf Fran zu. Plötzlich rutscht sie auf dem losen Geröll aus und stolpert. Ich schaffe es gerade rechtzeitig, sie am Arm zu packen, bevor sie fast den Berghang runterschlittert. Ich halte ihren muskulösen Oberarm fest und ziehe sie hoch. Für ein Mädchen ist sie wirklich ganz schön durchtrainiert. Muckis wie aus der Fitnessstudiowerbung. Aber dann sehe ich, dass es nicht Fran ist, die ich gerade vom Boden aufhebe, sondern Bruno Beuttner. Er strahlt mich an.

„Timo!!“, ruft er freudig und rafft sich hoch, um mich begeistert in die Arme zu nehmen. Ich erwidere die Umarmung mit gemischten Gefühlen. Ich weiß wirklich nicht, ob ich froh bin, ausgerechnet Bruno Beuttner in dieser Situation getroffen zu haben. Außerdem bin ich über diese akustische Halluzination ziemlich irritiert. Ich habe doch die Stimme von Fran gehört.

„Ich hätte nie gedacht, dass ich mal so froh sein würde, dich zu sehen …“, grinst er und klopft mir auf den Rücken wie ein lang verloren geglaubter Bruder.

Mir geht es genauso.

Als er suchend über meine Schulter schaut, friert sein Lächeln ein.

„Wo sind denn die anderen?“ Er blickt verzweifelt in die Nebelwand, hinter der Janine sitzt. „Bist du allein?“, fragt er entsetzt.

Ich will gerade antworten, da kommt noch eine Gestalt aus dem Nebel hervor. Fran! Mir hüpft das Herz vor Freude. Ich hatte mich doch nicht getäuscht.

Gleichzeitig – wie ein Wunder – verzieht sich der Nebel ein bisschen und Brunos Gesicht erhellt sich wie ein Weihnachtsbaum zur Bescherung.

„Janine!“, ruft er ekstatisch und drängt sich an mir vorbei. Er läuft auf Janine zu und drückt sie fest.

Bei mir ist das anders. „Hi, Timo!“, sagt Fran nüchtern. Kein begeistertes Wiedersehen. Keine leidenschaftliche Umarmung. Kein Kussregen. Prinzessin Leia wirft sich nicht um den

Hals ihres Luke Skywalkers. Sie nickt nur cool und sagt: „You lost the group, too …?“

Ihr Gesicht ist todernst. Bruno und Fran haben offensichtlich auch den Anschluss verloren. Wir sitzen im gleichen Boot.

Auf einmal erkenne ich, wie ernst unsere Situation ist. Wir sind mitten auf einem Berg in dichtem Nebel, im Abstand von zwanzig Kilometern gibt es keine Straße, geschweige denn ein Dorf. Handyempfang oder Telefonzelle sind auch Essig. Wir wissen nicht, wo der Weg ist. Wir haben keine Ahnung, wo wir sind. Wenn das Mr Barretts Idee von Survival-Training ist, dann geht es mir zu weit. Ich muss mich unbedingt beschweren, wenn wir wieder zurück sind.

„Any idea what to do?“, fragt sie.

Ich schüttele nachdenklich den Kopf. Ich bin nicht gerade erfahren in solchen Situationen. In Frankfurt würde ich jetzt in die U-Bahn steigen. Ich denke nur, es sieht ziemlich schwarz für uns aus.

Bruno kommt wieder auf uns zu, seinen Arm um Janines Schultern gelegt. „Das ist echt großartig!“, strahlt er.

Ich verstehe nicht im Geringsten, was gerade an unserer Situation so großartig sein soll?

„Wir sind zu viert! Das ist viel besser, als alleine zu sein“, erläutert er. Bruno ist wieder ganz der Alte. Er lässt sich von nichts abschrecken. „Wir finden den Weg. Wir sind spätestens um achtzehn Uhr zu Hause!“

„Wie soll das gehen?“, frage ich ihn. „Es ist viel zu gefährlich, durch den Nebel zu laufen. Du bist selber fast auf die Nase gefallen.“

„Ach, komm!“, winkt Mr Perfect angeberisch ab. „Ich bin nur ein bisschen gestolpert!“ Er wirft einen vorsichtigen Blick zu Janine. Sie hat es gar nicht gesehen.

„The best thing we can do is stay here“, sage ich auf Englisch, damit Fran am Gespräch teilnehmen kann.

Bruno wirft die Hände hoch. „Hast du eine Meise?“ Er zeigt auf seine Armbanduhr. „Wir haben nur noch fünf Stunden Tageslicht. Willste hier übernachten, oder was?“

„If we try to find the way back, we could get more lost“, versuche ich auf Englisch zu argumentieren. „If we stay here, the others will find us.“

„Ach komm, Timo, denk nach!“, regt sich Bruno auf. „Die anderen werden uns heute doch nicht mehr suchen. Barrett muss erst mal die Gruppe nach Hause bringen. Wenn sie in

Sicherheit sind und der Nebel weg ist, dann kommen sie wieder, aber nicht vorher. So lange will ich nicht warten …"

„Ich auch nicht!", schaltet sich Janine entschlossen ein und wendet sich zu Fran, um ihr den Stand der Dinge zu erklären. „Bruno says he can find the way back to the farmhouse."

Bruno nickt geschmeichelt. Er schwelgt im Glanz seines Noch-nicht-Erfolgs.

„How?", fragt Fran, ohne um den heißen Brei herumzureden.

Bruno grinst und zieht etwas aus seiner hinteren Hosentasche. Es ist eine der Landkarten, die Mr Barrett gestern nach der Besprechung verteilt hat. Ich starre die Karte gebannt an. Ob sie uns wirklich helfen kann, wenn die Sichtweite kürzer ist als mein persönlicher Kugelstoßrekord?

Bruno hockt sich hin und breitet die Karte auf dem Boden aus.

„Ich glaube, wir sind hier", sagt er entschlossen und zeigt auf eine Stelle der Karte.

Ich versuche mir aus den vielen kritzeligen Landvermessungslinien und kleinen Höhenzahlen ein Bild zu machen, aber ich weiß nicht mal, wo Norden ist und wo Süden. Es ist unmöglich, unsere Position festzustellen.

„Are you sure?“, hake ich bei Bruno nach.

„Ja, klar“, grinst er. „Hier, die Konturen. Da oben standen wir genau vor dieser Felswand. Right, Fran?“ Er wendet sich zum ersten Mal an Fran. „You remember the rock face?“

„That could be it“, sagt sie unsicher und bevor noch jemand etwas sagen kann, steht Bruno auf und faltet die Karte zusammen.

„So oder so, we just have to go *down* …“, behauptet er.

„Wie, *down*?“, frage ich erstaunt. „Was ist das für eine Ansage? *Down* kann uns überall hinführen!“

Janine nickt. „Bruno hat recht, Timo. Es ist ganz einfach. Unten liegt der Fluss. Er führt direkt zum Bauernhof“, argumentiert sie und Bruno grinst von einem Ohr zum anderen. „Also, wir müssen nur nach unten gehen.“

Ich will sie gerade darauf aufmerksam machen, dass ein Berg mehr als nur eine Seite hat, aber Fran unterbricht mich genervt.

„Would you guys mind speaking English?!“, sagt sie aufgekratzt. „We do happen to be in Scotland, you know.“

Bruno beruhigt sie. „Everything is okay. We just go down, find the river and follow it back to Croik Farm. Easy.“

Sie schaut Bruno prüfend an. „Are you sure you can find the way?“

Bruno grinst überzeugt. „Is the **Pope** Catholic?“

Fran nickt. „Okay. We can try it. But you'd better be right …“ Dann wendet sie sich zu mir. „What do you think?“

Was soll ich sagen? Es ist drei gegen eins. Sie wollen alle auf ihre *Mission Impossible* gehen und ich will hierbleiben, weil ich es für vernünftiger halte. Aber wie Mr Barrett uns im ersten Survival-Training-Seminar gesagt hat, in einer Krise muss die Gruppe immer zusammenbleiben.

„If Bruno is sure …“, gebe ich nach, aber auch bei einer unmöglichen Mission braucht man ein Sicherheitsnetz. Dafür sorge ich: „Before we go, we have to **collect** stones.“

Alle schauen mich an, als ob ich nicht mehr alle Tassen im Schrank hätte. Ich sage nur: die Brüder Grimm.

„Steine sammeln?“, fragt Janine erstaunt. „Wozu?“

„Damit wir den Weg zurückfinden können, falls es schiefgeht“, erkläre ich.

Pope – Papst; to collect – sammeln

„Aha! So wie Hänsel und Gretel“, nickt Bruno.

„Nicht nur das: If we make a **pile** of stones every two hundred meters then the people looking for *us* can find us. Darum geht’s auch.“

„That’s a really good idea!“, sagt Fran begeistert und während Bruno und Janine anfangen, schreiben wir einen Zettel für die Rettungsmannschaft, falls – nur falls – wir es heute nicht nach Hause schaffen. Schließlich hatte Mr Barrett recht: Die Berge sind so unberechenbar wie Bruno Beuttner selber. Aber vielleicht wird er sich eines Tages ändern. Wer weiß?

Hotel

We’re lost. Or to be precise: we’re *more* lost than before. Bruno has **messed up** again. Badly. We’ve been walking for four hours under his expert **leadership** and we have no idea where we are. It’s a disaster!

“Right, that’s it!” I say. “I’m not taking another step!”

pile – Haufen; to mess up – versagen; leadership – Führung

"Oh, come on, Fran!" says Bruno, looking really **guilty**. "The river must be just around the corner."

He's said that about twenty times already! "The river, the river, the stupid **bloody** river!", "Just around the corner!", "It can't be far now!", "We just have to find the river, it will **lead** us back to the farmhouse!", "We're going the right way, I can tell!"

No! You're wrong! Shall I **spell** that **out** for you? W – R – O – N – G. It means: I'm not going to listen to you any more. I've had enough.

I can hardly **hide** my **anger**. "Forget it, Bruno!" I say, my head about to explode. "Stop playing the boss when you don't know what you're talking about! You **haven't got a clue**!"

All of a sudden, Janine **comes to** Bruno's **defence**. "It's not his fault!" she says, her face turning red with anger.

Excuse me? Not his fault? Whose then?

"Yes it is!" I **remind** her. "It was *his* idea to come down here into the valley!"

guilty – schuldbewusst; bloody – verdammt; to lead – führen;
to spell out – buchstabieren; to hide – verstecken, zurückhalten;
anger – Wut; to not have a clue – keine Ahnung haben;
to come to sb's defence – jmdn. verteidigen;
to remind sb – jmdn. an etwas erinnern

"He was only trying to help," argues Janine.

"So what? Has it helped?" I **snap at** her. "Or do you think our situation is better now than it was four hours ago? Huh?"

Janine looks at me as if she's about to hit me. Fire in her eyes. Right. Just try it, sweetie! But then Timo steps between us, holding up his hands for **peace**.

"Just **calm down**," he says in a soft voice. "Arguing brings nothing. We have **to stick together**."

He turns around to Janine and says, "Du auch" – which I guess means something like "you, too".

"We have to go back to our starting point," says Timo, looking at his watch. "But not now. We don't have enough time. It's going to be **dark** soon. We have to find a place to sleep."

A place to sleep? Around here? I don't see any hotels, do you? Or a **cave** with **central heating**.

"It gets cold in the night here," continues Timo. "We need to keep warm. We have to **dig**

to snap at sb – jmdn. anfahren; peace – Frieden;
to calm down – sich beruhigen; to stick together – zusammenhalten;
dark – dunkel; cave – Höhle;
central heating – Zentralheizung; to dig – graben

a **hole** – eine Schlafgrube. In the morning we can go back. By then the others will be looking for us."

That sounds like a good plan to me. Timo is right again. We should have listened to him before and stayed where we were. At least we did what he said and marked our starting point with a pile of stones before we **set off on** this **wild goose chase**. A real monument. No one could **miss** it. On top of the stones was the note we wrote for the **rescue team**: "If you find this note, then please try to find us. Just follow the piles of stones every two hundred yards. We are trying to find our way back to Croik Farm."

It takes us over an hour to dig a hole for four people. We **shovel** out the earth with big, flat stones until we have a king-size bed about fifty centimetres deep. We make a mattress out of **leaves**.

We call our hole the "Highland Hotel" – it's at least five star – and we check in just before it gets dark. After having tried out our bed, we go downstairs into the Highland Hotel restaurant.

hole – Loch;
to set off on a wild goose chase – auf eine sinnlose Suche gehen;
to miss – verpassen; rescue team – Rettungsmannschaft;
to shovel – schaufeln; leaf – Blatt

I can hardly wait for the **four-course meal**. Steak, salad, **chips**. Just what I need.

We **spread out** the rest of our food on the ground. It seems the Highland Hotel is going through some **hard times**. There's no steak and chips. They can only give us two apples, a packet of **crisps**, one Mars bar, a banana and a bottle of water. So much for the four-course

four-course meal – Vier-Gänge-Menü; chips – Pommes;
to spread out – verteilen; hard times – harte Zeitenπ; crisps – Chips

meal! I'll have to **complain** to the management.

After our delicious dinner we decide to light a fire before we go to sleep. We collect some **twigs** and **branches**. Then we need paper. Luckily Janine brought her "Bravo" magazine with her. Timo **screws up** the pages and builds a fire on top of it.

But the problem is: how do we light it? Nobody has any **matches**.

Timo has a **solution**: he picks up a flat piece of wood and says something in German to Bruno. Bruno produces a red Swiss Army **penknife** out of his rucksack and gives it to Timo. Timo cuts a small, round hole in the piece of wood. Then he takes a twig and **sharpens** it like a pencil. He **sprinkles** the **sawdust** into the hole. He puts the sharp end of the twig into the hole and starts rolling it between the **palms** of his hands.

"Does that actually work?" I ask Timo.

"It does for Tom Hanks in the film *Cast*

to complain – sich beschweren; twig – Zweig; branch – Ast;
to screw up – zusammenknüllen; match – Streichholz;
solution – Lösung; penknife – Taschenmesser;
to sharpen – schärfen; to sprinkle – streuen; sawdust – Sägemehl;
palm – Innenfläche

Away," he replies, concentrating on the twig. "It just takes a long time."

Timo's right there. Half-an-hour later, with **blisters** on his hands, Timo finally gets a red **glow** out of the sawdust. He blows softly into it, holding a piece of paper into the sawdust, and it lights!

You can **imagine** the scene. Timo, Bruno, Janine and I all shout for **joy**. We even **hug** each other. Then we sit around the fire, keeping warm by the flames, and talk about everything under the sun.

blister – Blase; glow – Glühen; to imagine – sich etwas vorstellen; joy – Freude; to hug – umarmen

Nachtbesuch

Es dauert eine Weile, bis wir die Schlafordnung in unserem „Highland Hotel“ geklärt haben. Die Mädchen wollen in der Mitte schlafen, wo es am wärmsten ist, und das lässt uns Jungs nur zwei Möglichkeiten. Außen. Neben Janine oder Fran.

Bruno will natürlich neben Janine schlafen, aber sie weigert sich verlegen. Ich sehe zu, dass ich Bruno meine ganze Unterstützung gebe. Teambuilding, sage ich nur!

Zum ersten Mal bin ich Bruno dankbar, als er sich starrköpfig durchsetzt. Die Aufgabe, Fran nachts warm zu halten, bekomme ich. Und ich übernehme sie gerne.

Wir legen uns alle hin und decken uns mit unseren Regenjacken zu. Ich kann Frans Schulter neben meiner spüren. Ihr Gesicht ist nur eine Handbreit von meinem entfernt. So nah wie Fran jetzt war ich noch niemandem. Nicht mal Janine. Es ist unmöglich einzuschlafen – zumindest für mich. Von der anderen Seite unseres Lochs höre ich, wie Janine tief ein- und ausatmet und Bruno anfängt zu schnarchen.

Ob Fran genauso wach ist wie ich?

Ich denke immer wieder an die Worte, die das Mädchen in der Umkleidekabine in Frankfurt gesagt hat, dieser komische Spruch: „Wo die Liebe hinfällt …“

Ich habe mich immer gefragt, was eigentlich damit gemeint ist. Dass keiner sich aussuchen kann, in wen er sich verliebt? Liebe als Schicksalsschlag? Ist deswegen nie was aus mir und Janine geworden?

Eigentlich habe ich immer gedacht, der Spruch sei voll doof – einer dieser Sprüche, die man so oft hört und die am Ende nichts bedeuten. Ich meine, die Liebe fällt doch nicht! Die ist nicht wie ein schottischer Regenguss, der aus heiterem Himmel herunterschüttet, oder ein loser Ziegelstein, der dir auf den Kopf knallt. So kann das nicht sein. Nein, die Liebe, sie muss woanders herkommen. Sie kommt von innen. Oder?

Jetzt frage ich mich allerdings, ob die Liebe bei mir doch mittlerweile durchs Dach gestürzt ist. Und zwar mit einer gewaltigen Neun auf der Richterskala. Wenn es nicht Liebe ist, was ich gerade fühle, dann macht es mir Angst.

Mit einem warmen Gefühl auf meiner rechten Seite – da, wo Fran liegt, natürlich – schlafe ich schließlich ein. Es ist ziemlich gemütlich in unserem improvisierten Hotel, auch wenn eine leichte Brise versucht, unser Lagerfeuer zu löschen.

Irgendwann später, mitten in der Nacht, berührt etwas Nasskaltes meine Wange. Für einen kurzen Augenblick stelle ich mir vor, dass Fran sich zu mir gedreht hat und mich im Schlaf küsst. Nur finde ich es ziemlich seltsam, dass sich ihre Lippen wie Schmirgelpapier anfühlen. Außerdem hat sie sehr starken Mundgeruch.

Schnurrend mache ich die Augen einen Spalt auf, um Fran ins Gesicht zu schauen, und bekomme einen Schreck: Eine ungefähr zwei Meter lange, lederartige Zunge leckt gerade über mein Gesicht. Das hat nichts mit Erotik zu tun.

Ich schieße kerzengerade hoch und erschrecke mich. Hinter der Riesenzunge sehe ich eine lange Schnauze, zwei glänzende Augen und gespitzte Ohren. Es ist ein Hund – so etwas wie ein Schäferhund: graubraunes Fell, ziemlich klein und schlank, eher ein Welpe.

Als ich hochschieße, springt der Eindringling zurück, bleibt aber neugierig stehen. Seine großen Augen glänzen im hellen Mondlicht. Er sieht genauso erschrocken aus, wie ich mich fühle.

Ich versuche meinen keuchenden Atem zu beruhigen und bewege mich nicht. Das Tier starrt mich an, ohne sich vom Fleck zu rühren.

„What is it?“, murmelt Fran im Schlaf.

Ich lege meine Hand sanft auf ihre Schulter. „It's nothing“, sage ich und hoffe, dass sie wieder einschläft.

Aber sie rollt sich auf die Seite und schaut zu mir hoch. Als sie meinem starren Blick folgt und den Hund sieht, schießt sie ebenfalls aus dem Erdloch hoch.

„Oh, my God!“

Der Hund schreckt noch ein paar Schritte zurück, dann bleibt er wieder stehen und schaut von Fran zu mir. Es ist fast, als ob er uns zulächelt.

Ich halte den Finger an meine Lippen. „Don't scare him!“ Ich möchte vermeiden, dass Janine geweckt wird. Sie hat Angst vor Hunden und würde sofort ausflippen.

Plötzlich legt sich das Tier flach auf den Boden, ohne uns aus den Augen zu lassen.

„He wants to play ...“, flüstert Fran leise.

Der Hund schnappt einen Zweig aus dem

kaum noch glühenden Lagerfeuer, das prompt in sich zusammenfällt. Ein paar Scheite glühen kurz auf. Er wedelt mit dem Zweig in der Luft herum und ist ziemlich niedlich.

„What's a baby dog doing here all on its own?", flüstert Fran.

Das ist eine gute Frage. Gehört er vielleicht zum Suchtrupp? Aber dann sehe ich, dass der Hund gar kein Halsband hat. Außerdem sieht er nicht wirklich gepflegt aus.

Auf einmal kommt ein fernes Heulen aus dem Wald. Der kleine Hund erstarrt und lässt den Zweig aus seinem Maul fallen. Er spitzt seine Ohren. Ich sehe den wilden Blick in seinen Augen und weiß sofort: Er ist kein Suchhund. Er hat mit Menschen nichts zu tun.

Fran steht auf, um zu dem niedlichen Hund zu gehen, aber ich packe sie an der Hand und ziehe sie nach unten.

Sie schaut mich verständnislos an. „What is it?", zischt sie ein bisschen gereizt.

„That's not a dog", sage ich mit einem dicken Kloß im Hals. „That's a wolf!"

Auch das noch: *Werwolf Teil 1*!

Fran starrt den Hund an. Er streckt gerade seine Schnauze in die Luft und schnüffelt. „A wolf?!"

Ich erinnere mich an den Polizisten, der etwas über die Wiedereinführung von Wölfen in den schottischen Highlands erwähnt hat, aber bevor ich Fran davon erzählen kann, raschelt es im Wald.

Vier kräftige Wölfe, alle doppelt so groß wie der Kleine, schleichen aus dem Dickicht und sehen ihren Sprössling neben unserem Lagerfeuer. Sie schauen uns mit zusammengekniffenen Augen an und legen die Ohren zurück.

Im Erdloch rutscht Fran näher an mich ran und flucht leise vor sich hin. Eine interessante Ergänzung zu meinem englischen Schulvokabular.

„Don't panic!", flüstere ich. „They just want their baby back."

Der kleine Wolf schaut zu den vier erwachsenen Tieren, schnappt sich den Zweig wieder und legt sich verspielt auf den Rücken.

Einer der Wölfe knurrt. Die vier schleichen vorsichtig auf ihn zu. Ich würde ihnen gerne erklären, dass ich mit ihrem Küken nichts am Hut habe, aber ich bin leider kein Wölfeflüsterer.

„They're coming over here!", zischt Fran.

Bruno und Janine rühren sich. „Hör auf zu plappern!", murmelt Bruno, ohne die Augen aufzumachen. Er dreht sich um und versucht sich näher an Janine zu kuscheln.

Aber Janine ist schon wach. „Was ist?"

Als sie sich aufrecht setzt und die herannahenden Wölfe sieht, stößt sie einen Schrei aus, der vermutlich in ganz Schottland hörbar ist, vielleicht sogar in der Arktis.

Der kleine Wolf schreckt hoch und blickt verängstigt zu den Älteren rüber. Die vier Wölfe fletschen die Zähne, stellen das Fell auf und nehmen Position ein, als wollten sie gleich zum Angriff übergehen.

Bruno ist sofort wach und schaut sich verwirrt um.

„Janine?! Was ist los?"

Janine sitzt wie gelähmt da. Als Bruno die vier Wölfe sieht, hüpft er vor Schreck fast aus der Schlafgrube.

„Ach du Scheiße!"

Erschrocken vom Krach fangen die Wölfe an, auf uns zuzulaufen. Und ich habe nicht den Eindruck, sie wollen nur mit uns spielen. Wir müssen uns schützen.

Instinktiv springe ich aus dem Erdloch und werfe mich vor das Lagerfeuer. Der kleine Wolf stößt ein erschrockenes Heulen aus und scheint zu erstarren, worauf die vier ausgewachsenen Tiere anfangen, richtig Gas zu geben.

Ich puste in die schwelende Asche und ein paar Scheite glimmen und flammen kurz auf. Ich brauche Papier. Ich schaue mich verzweifelt um. Die „Bravo“-Zeitschrift ist bereits aufgebraucht. Wir haben kein Papier mehr. Dann fällt mir die Landkarte auf, die aus Brunos Rucksack heraussteht. Ohne zu zögern, schnappe ich sie und halte sie über die brennende Glut.

„Nein!“, schreit Bruno hinter mir, aber wir haben keine andere Wahl. Ich puste noch mal in die Glut und die Landkarte fängt Feuer. Ich ziehe sie aus dem Lagerfeuer und halte sie hoch.

Der kleine Wolf schreckt vor den Flammen zurück und seine vier großen Bewacher bleiben zähnefletschend an seiner Seite stehen. Sie trauen sich nicht näher zu kommen. Klar, trauen sie sich nicht. Ich bin doch der würdige Nachfolger von *Crocodile Dundee*, dem Mann mit dem Feuer.

Die Landkarte brennt schnell und die Flammen erwischen meine Hand. Ich schreie vor Schmerzen und muss die brennende Landkarte fallen lassen. Das wäre Herrn Dundee bestimmt niemals passiert. Die Wölfe zucken kurz zusammen, aber schlagen sofort einen Bogen um die Flammen herum und kommen angriffslustig auf uns zu.

„Aus dem Weg!“, ruft Bruno und springt aus dem Loch. Er schnappt einen langen Zweig und spießt damit die Landkarte auf. Mutig wedelt er mit ihr vor den Schnauzen der Wölfe rum. *Crocodile Frankfurt* im Einsatz.

„Hau ab!“, brüllt er. „Verschwindet!“

Ich wende mich an die Mädchen. „Haben wir noch was zum Verbrennen?!“, rufe ich. Ich habe Angst, dass die improvisierte Fackel ausgeht, bevor die Wölfe weg sind.

„Versuchs hiermit!“ Janine wirft mir ihr Halstuch zu. Ich fange es und starre es verblüfft an. War das nicht ein Geschenk von ihrer Oma? Seidenmalerei vom Feinsten.

Egal. Wenn Omi jetzt hier wäre … Ich halte es über die Flammen und es fängt Feuer. Dann werfe ich das brennende Halstuch den Wölfen entgegen. „Haut ab!“

Die Wölfe schrecken vor dem fliegenden Feuertuch zurück. Der Kleine ist mittlerweile mitten im Rudel und jault laut auf. Die Botschaft ist klar: Es macht ihm keinen Spaß mehr mit uns. Er will weg.

Die vier Wölfe senken die Köpfe und fletschen ein letztes Mal ihre Zähne. Dann drehen sie sich um und laufen wie Leibwächter um ihren Superstar in den Wald zurück.

Ich stehe da und höre nur noch meinen keuchenden Atem. Die aschgraue Landkarte zerbröselt und fällt vom Zweig. Keine Sekunde zu früh.

Jetzt sind wir ohne Landkarte. Wir schauen schweigsam auf den Haufen Asche zu Brunos Füßen. Plötzlich atmet Fran erleichtert auf und lacht nervös.

„Boy, oh boy!“, seufzt sie erschöpft. „That was a close shave!“

Wenn ich irgendwann wieder sprechen kann, muss ich sie unbedingt fragen, was das mit dem Rasieren eigentlich bedeutet.

Smoke

The next day the sun is shining and there is no sign of any fog. Thank God. It takes us the whole morning to get back to our **starting point**. Timo's idea works perfectly. We follow the piles of stones back up the mountain, but when we arrive at the place where we started, there's a shock waiting for us: our first pile of stones, the "monument", has been **knocked down**! It's as flat as a

starting point – Ausgangspunkt; to knock down – umstoßen

pancake. What's more, the note we wrote for the rescue team is gone!

I stare at the stones on the ground and try to think how this could have happened. Could it have been the wind? Was there a storm in the night? An animal perhaps? The wolves? Or people? But why would anyone knock down the stones? What for?

Bruno has already found an answer. "They were here!" he cries ecstatically. "The rescue team!"

I think the sun must be going to his head. Or maybe it's the hunger. Whatever it is, Bruno's **barking up the wrong tree**. I mean, why would the rescue team knock down the pile of stones? And anyway, if they were here, why didn't they follow the path of stones we made for them and find us? We could be home by now.

Timo says something in German to Bruno. Very diplomatic. It sounds like he **shares** my **opinion**.

"Do you think it was an animal?" I ask Timo.

Again Timo shakes his head, staring at the pile. "Not even the wolves from last night are

pancake – Pfannkuchen;
to bark up the wrong tree – auf dem Holzweg sein;
to share – teilen; opinion – Meinung

big enough to have knocked it down ..." he says, thinking aloud. "And there are definitely no **bears** in Scotland."

That means it must have been people. Somebody was here. Somebody who took the note with them. But there's nobody in these mountains **apart from** us.

I look around, **scanning** the mountain side, looking for **signs of life**. Then something **catches my eye**: lower down the mountain, in the middle of a thick forest, a thin line of grey **smoke** is floating into the sky.

"Look!" I cry, and everybody turns to see what I'm pointing at. "Smoke!"

Correct me if I'm wrong, but smoke means fire, and fire means people ...

I don't hesitate. I start running down the hill straightaway. I'm so hungry, just the thought of being rescued **makes my mouth water**. The others run after me.

We soon come into the woods. The trees are packed close together, but we **weave** our way between them, running as fast as we can. Bruno

bear – Bär; apart from – außer; to scan – absuchen;
sign of life – Lebenszeichen;
to catch sb's eye – jmds. Aufmerksamkeit erregen;
smoke – Rauch; to make one's mouth water – das Wasser im Mund zusammenlaufen lassen; to weave – durchschlängeln

takes Janine by the hand, a big smile on his face.

"We'll be back in time for lunch!" he says. "Nur vierundzwanzig Stunden verspätet!"

Janine laughs. After last night, I'm quite sure that she's not Timo's girlfriend. Before the wolves woke them up, Janine was **cuddled up** to Bruno like a teddy bear!

It doesn't take long until we reach the **clearing** where the smoke is coming from. In the middle is a small **wooden hut**. The smoke is coming out of its **chimney**. There's a window on one side. I look at Timo and he nods at me like we've been **partners in crime** for years.

Together we go over to the window and look into the hut. A fire is burning inside, but we can't see anybody. We walk around the hut to the door. Bruno is already standing there with his hand on the **door handle**.

He **sniffs** the air and smiles. "I think they are cooking 'Schweinebraten' for us!" he says.

Whatever "Schweinebraten" is.

Then Bruno slowly opens the door.

"Hello?" he calls. "Is anybody home?"

to cuddle up to sb – sich an jmdn. kuscheln; clearing – Lichtung; wooden hut – Holzhütte; chimney – Schornstein; partner in crime – Komplize; door handle – Türgriff; to sniff – riechen

Zu Gast

Leider liegt Bruno falsch. Es gibt zwar ein Feuer im Kamin, aber es gibt kein saftiges Stück Fleisch darüber, das sich tropfend auf einem Bratspieß dreht. Dafür liegt eine Packung „Scottish Oatcakes“ auf dem Tisch. Das sind getrocknete Krümelkekse, die ein bisschen wie Sägemehl schmecken. Aber was sagte mein Opa immer? In der Not frisst der Teufel Fliegen.

Da keiner zu Hause ist, halten Bruno, Janine und ich uns nicht an unsere hessischen Manieren. Ohne zu zögern, schnappen wir jeweils einen Keks und stecken ihn uns gierig in den Mund.

„Geil!“, sagt Bruno euphorisch.

Janine kaut mit geschlossenen Augen und seufzt glücklich. „Schmeckt das gut!“

Na ja. Eigentlich nicht. Aber den Umständen entsprechend. Ich würde jetzt sogar Haggis essen.

Nur Fran nimmt keinen Keks. Sie geht nachdenklich durch den Raum und schaut sich um. Irgendwas scheint sie zu beschäftigen.

Die kleine Hütte ist menschenleer, aber nicht unbewohnt. Zwei Schlafsäcke sind am Boden ausgerollt. Neben ihnen: ein großer, schwarzer Rucksack. Mitten im Raum steht ein Tisch, zwei Stühle. Hinten gibt es noch eine Tür. Auf dem Tisch befindet sich außer der Packung „Scottish Oatcakes“ auch eine halb leere Flasche Whisky, ein überquellender Aschenbecher, ein Baguette und eine Landkarte.

Ich nehme die Landkarte in die Hand. Es ist die gleiche, die Mr Barrett unter uns Schülern verteilt hat. Als ich sehe, was unter der Karte auf dem Tisch liegt, bleibt mein Herz stehen: Das zusammengeknüllte Blatt Papier, das wir für die Rettungsmannschaft hinterlassen haben. Ich sehe die Worte, die ich gestern geschrieben habe: „We are trying to find our way back to Croik Farm …“

Gleichzeitig stößt Fran einen Schrei hervor: „Oh God!“

Sie fährt erschrocken herum und zeigt auf das Feuer im Kamin. Ich mache einen Schritt zu ihr und sehe, dass nicht Holz, sondern Stoff in den Flammen lodert. Zwei blaue Overalls. Auf einer Brusttasche steht die Bezeichnung: „I.P. 149“.

„The escaped prisoners!“, schnauft Fran

schockiert. „The ones who stole the Sceptre of Scotland!“

Gefangene? Wo? Was für ein Zepter? Ich sehe nichts. Wovon redet sie? Diebe? Was gibt es hier in den Bergen zu klauen? Gras?

„We have to get out of here!“, zischt sie panisch.

„Soll das ein Scherz sein?“, lacht Bruno mit vollem Mund. „Ich bin gerade bei der Vorspeise!“

Aber Fran macht keinen Scherz. Ihr dringender Ton ist eindeutig zu verstehen: Sie meint es ernst.

Ich will sie gerade fragen, was sie mit den ausgebrochenen Gefangenen gemeint hat, aber plötzlich höre ich, wie ein Mann draußen vor der Hütte laut lacht.

Fran reißt die Augen auf. „Run!“, ruft sie und sprintet sofort durch die Tür nach draußen.

Janine und Bruno kapieren auf Anhieb. Mit vollen Mündern laufen sie Fran hinterher. Bruno schnappt noch schnell das Baguette vom Tisch.

Nur ich bleibe wie angewurzelt stehen. Zwei Männer sind vor dem Fenster. Einer schaut in die Hütte rein und blickt mir direkt in die Augen. Die Zeit scheint stehen geblieben zu sein.

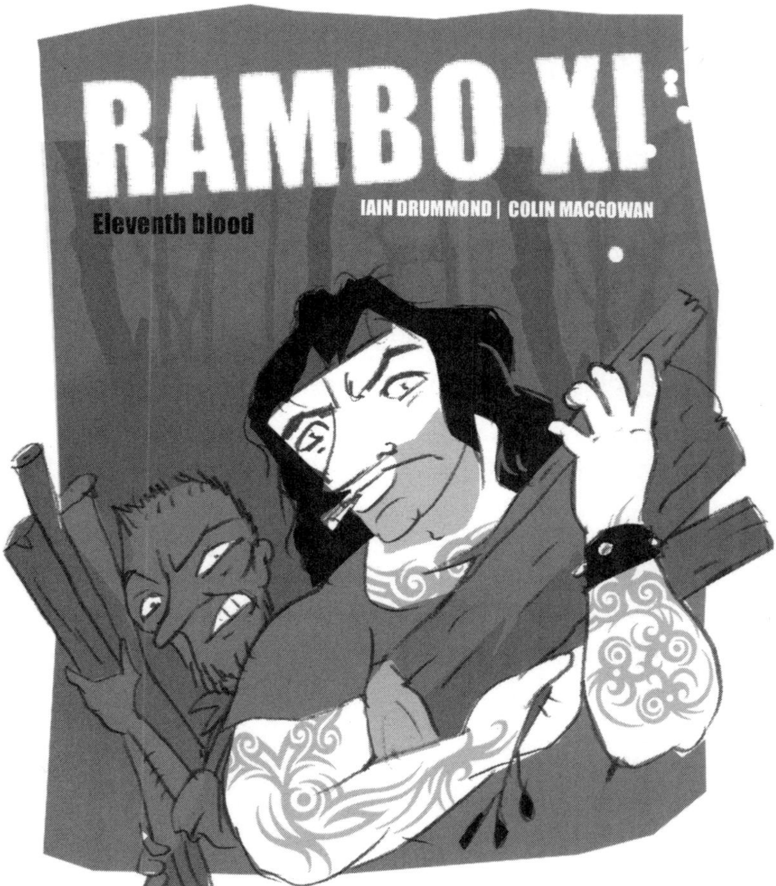

Der Mann sieht aus wie Sylvester Stallone aus *Rambo*. Schwarze Locken, große Nase, Viertagebart, Schultern wie ein Ochse, Nacken wie ein Elefantenbein, Kippe im Mund, Feuer in den Augen. Ganzkörpertätowiert. Der andere ist auch um die dreißig: groß, spindeldürr, kurze, rote Haare, mageres Gesicht, hohle Augen, Hundeblick. Harte Jungs. Oder Jungs, die Hartes durchgemacht haben. Sie tragen beide Holz in den Armen. Die Zigarette fällt Rambo aus dem Mund.

„Shit!“, schimpft er, als er an mir vorbeischaut und zum Kamin guckt. „The smoke!“

Ich zögere nicht länger. Mit rasendem Herz reiße ich die Landkarte vom Tisch – den unbezahlbaren Ersatz – und stürme aus der Hütte.

„Oi, come back here!“, ruft der mit den roten Haaren.

Nie im Leben! Nachdem ich dem Bruder von Sylvester Stallone in die Augen geschaut habe, würde ich nicht mal anhalten, wenn seine Hollywood-Verwandtschaft mir eine Nebenrolle in seinem neuen Film anbieten würde.

Vor mir verschwinden Bruno, Janine und Fran in den Wald. Ich schaue flüchtig über die Schulter. Rambo lässt das Holz zu Boden fallen und fängt an, uns hinterherzulaufen. „Put the fire out!“, brüllt er seinem Kumpel zu. Der Rothaarige lässt ebenfalls seine Ladung los und eilt in die Hütte. Dann sehe ich, dass Rambo eine Axt in der Hand hat!

„Gebt Gas!“, rufe ich nach vorne. „They're coming after us!“

Bruno ist natürlich der Schnellste von uns allen. Er hält Janine an der Hand und zieht sie mit sich. Wie Slalomskifahrer schlängeln wir uns in vollem Tempo durch die Bäume. Auf einmal ist es schwierig, durch den Wald zu laufen. Vorher, als wir dachten, wir laufen auf unsere Rettung zu, war es leicht. Jetzt ist der Boden holprig. Nichts als umgekippte Baumstämme und Löcher überall. Ich bin so auf den Waldboden fixiert, dass ich mehrmals von querhängenden Ästen fast enthauptet werde. Bei jeden Schritt denke ich, gleich liegt einer von uns auf der Nase.

Rambo ist uns dicht auf den Fersen, der Rothaarige mittlerweile auch nicht weit hinterher. Ich habe keine Ahnung, was die zwei Typen von uns wollen. Was haben wir gemacht? Wollen sie uns wegen Einbruchs anklagen? Sind sie vielleicht schottische Superstars, die auf der Flucht vor den Paparazzi sind und uns mit Klatschzeitungsfotografen verwechselt haben? Oder ehemalige traumatisierte Lehrer, die in den Ruhestand getreten sind und den Anblick von Jugendlichen einfach nicht mehr ertragen können?

Dann sehe ich das Baguette in Brunos Hand. Ist das vielleicht der Grund? Sie verfolgen uns wegen eines Brotes?! Haben die sie nicht mehr alle?

Als ich noch mal nach hinten schaue, sehe ich, dass der Rothaarige seinen bulligen Kumpel eingeholt hat. Wir laufen noch bergab und scheinen einen Tick schneller zu sein als unsere Verfolger. Der Abstand zwischen uns wird immer größer.

Plötzlich höre ich ein leises Summen über uns. Ich schaue zum Himmel, sehe aber nichts. Das Summen wird lauter. Dann ist durch die Bäume kurz ein Hubschrauber zu erkennen. Er kreist über dem Wald. Ich traue meinen Augen kaum. Auf der Seite, unter dem Hauptrotor, steht in großen roten Buchstaben: „Mountain Rescue".

Ich mache Fran drauf aufmerksam. „Look, the rescue team!", schnaufe ich atemlos.

Fran schaut ebenfalls nach oben, ohne ihr Tempo zu verlangsamen. Wir können jetzt unmöglich anhalten und versuchen sie auf uns aufmerksam zu machen. Schreien und winken, das nutzt alles nichts. Die Bäume sind zu dicht. Die fliegenden Schutzengel würden uns sowieso nicht sehen können. Außerdem ist da immer noch Rambo mit seiner frisch geschliffenen Axt nicht weit hinter uns. Ich kann nur hoffen, dass die Leute im Hubschrauber ebenfalls den Rauch aus der Hütte gesehen haben und dort landen.

Auf einmal fliegt der Hubschrauber eine Schleife und wendet. Das Summen wird allmählich leiser, der Hubschrauber verschwindet von der großen Leinwand des Himmels. In vollem Lauf schaut Fran über die Schulter und sucht verzweifelt nach unseren Rettern, aber sie sind schon weg. Sie sieht die Baumwurzel nicht, die sich gerade vor ihren Füßen auf dem Waldboden schlängelt. Ihr rechter Fuß verhakt sich darin. Sie stolpert und kracht zu Boden. Es folgt ein lauter Schmerzensschrei.

Ich bleib sofort stehen und laufe zu ihr zurück. „Are you okay?“

Fran verzieht vor Schmerz ihr Gesicht und fasst sich an den Fuß.

„My **ankle**!“, stöhnt sie.

Aus dem Augenwinkel sehe ich die zwei Typen. Sie kommen immer näher. Wir haben wenig Zeit. Ich packe Fran einfach am Arm und will sie hochziehen.

„Come on! Let’s go!“

Fran versucht aufzustehen, aber als sie auf-

ankle – Fußknöchel

recht steht, sackt sie vor Schmerzen wieder zusammen.

„I can't", ächzt sie. „I think it's broken!"

Ich erstarre. Den Knöchel gebrochen? Was mache ich jetzt? Die zwei Typen sind nur einen Katzensprung entfernt. Fran liegt am Boden. Vorne springen Bruno und Janine von einem kleinen Überhang und verschwinden aus unserem Blickfeld. Ich reiche Fran noch mal die Hand, um ihr beim Aufstehen zu helfen. Vielleicht geht es doch?

Aber sie schüttelt nur den Kopf. „Go on without me!", schnauft sie und stößt meine Hand demonstrativ weg. „I can't!"

Die Männer kommen immer näher. Ich kann Fran nicht allein lassen.

„Go and get help!", fordert sie angespannt. „There's no **point** us both staying here. They're **jewel thieves**, not killers!"

Ich zögere noch und verstehe immer noch nicht, was genau sie damit meint. Die *X-Men* sind ganz nah. Was werden sie wohl mit Fran tun?

„Just go, will you!", schreit Fran außer sich. Wenn ich länger warte, schnappen sie uns beide.

point – Grund; jewel thief – Juwelendieb

Vielleicht hat sie recht. Vielleicht kann ich ihr besser helfen, wenn ich auf freiem Fuß bin. In dem Moment treffe ich die schwierigste Entscheidung meines bisherigen Lebens. Ich hoffe, dass sie richtig ist.

„I will come back“, beschwöre ich sie und drücke meine Hand kurz auf ihre Schulter. Dann – mit tonnenschwerem Herzen – wende ich Fran den Rücken zu und laufe weiter.

Kurz bevor ich den Überhang runterspringe, schaue ich zu Fran zurück. Die zwei Männer bleiben außer Atem neben ihr stehen. Rambo knallt seine Axt in einen Baumstamm, lehnt sich schwitzend dagegen und schnappt nach Luft. Der Rothaarige beugt sich ebenfalls erschöpft vor und stützt sich auf die Knie. Keiner von ihnen rührt Fran an.

Dann blickt Rambo zu mir hoch. Ich stehe immer noch auf dem Überhang. Er weiß, dass er mich nicht kriegen kann. Ohne mich aus den Augen zu lassen, sagt er etwas zu seinem Kumpel. Der Rothaarige packt Fran unter den Achseln und hebt sie hoch. Rambo greift wieder nach der Axt, reißt sie aus dem Baumstumpf und humpelt erschöpft in meine Richtung. Er will nicht aufgeben.

Ich kann nicht länger warten. Ich drehe

mich um, springe vom Überhang runter und renne hinter Bruno und Janine her. Mein Gehirn und meine Beine laufen auf Hochtouren. Im Kopf dreht sich alles nur um einen einzigen Gedanken: Wir müssen Fran retten! Aber wie?

Whisky

Of course, I'm scared. What do you think? I'm not as tough as I **make out**. I mean, a complete stranger is carrying me through the woods in the middle of the remotest part of Scotland. He's just spent the last eight months in prison. He's about thirty years-old, he's a man, he's **twice** as big as me, and my ankle is broken. Yeah, **you bet** I'm scared. I just keep thinking: if he **touches** a single hair on my head, I'm going to **fight** like a rat.

But he doesn't. When we get back to the hut, the man with the red hair seems more interested in the bottle of whisky on the table than in

to make out – etwas vorgeben; twice – zweimal;
You bet! – Das kannst du mir aber glauben!; to touch – berühren;
to fight – kämpfen

me. He drinks from it like it's nothing but water. His hand is **shaking**.

"How **the hell** did you kids get here?" he asks, wiping his wet mouth with the back of his hand and looking at me with his big, brown eyes.

That look in his eyes! I can't believe it. The man is *scared*. No question about it. I know what **fear** looks like. But what's he scared of? Of me? What for? Can't be true. It must be something else. He's more nervous than I am. He looks like a scared kid. His short, red hair is **sticking out** in all directions. His eyes are as big as doughnuts.

I feel better straightaway. I decide to **cooperate**. "We were on a school trip … hiking to Ben Dearg …" I explain, "then this really bad fog came along and we got lost. We were trying to find our way back to Croik Farm. Then we saw the smoke from the hut …"

The man looks into the **fireplace**. "I knew that was a **mistake**," he says, shaking his head.

I can still see the two blue prison uniforms in the fireplace. They're almost completely burnt.

to shake – *hier:* zittern; the hell – *hier:* zum Teufel; fear – Angst; to stick out – abstehen; to cooperate – kooperieren; fireplace – Kamin; mistake – Fehler

The fireplace is soaking wet. One of them must have put out the fire before **chasing** after us. So that's why the helicopter didn't see the smoke!

All that's left of the uniform in the fireplace is the **badge** on the chest: I.P. 149. "I.P.", that must stand for Inverness Prison. Well, not anymore.

There's a long **silence**. The man stares into the fireplace looking really sad. For a moment I think he's going to cry. He's a tall man with a bit of a **stoop**. His round shoulders make him look like he's carrying the world on his back. I almost feel sorry for him. I decide to break the silence.

"Are you Colin Macgowan?" I ask **out of the blue**.

The man **gives a** slight **start**. He looks over his shoulder at me in amazement, but he does not say anything. He just stares at me as if I was the Angel Gabriel.

"Or are you Iain Drummond?" I add.

I can tell by the way his eyes **twitch** that I've hit the nail on the head. He's Iain Drummond. Colin Macgowan is the other man, the one with

to chase – verfolgen; badge – Abzeichen; silence – Schweigen;
stoop – Buckel; out of the blue – aus heiterem Himmel;
to give a start – zusammenzucken; twitch – zucken

the black, curly hair. The one who's gone looking for Timo and the others.

Drummond looks more like a **worn-out** bank manager than a criminal. He comes up to me with the bottle in his hand.

"How do you know our names?"

"From the newspaper," I say. "I read about your escape."

Drummond comes even closer to me. Almost nose to nose. I can smell his breath. Alcohol.

"Did it say where we were hiding?"

I **nod** with a bad feeling in my stomach. Maybe I'm talking too much?

"It said you were hiding in the West Highlands."

Drummond **straightens up**, shaking his head. Then he puts the bottle of whisky to his mouth and takes a big **gulp**. He's shaking even more now.

"We're dead men," he says with a **sigh**. The fear in his eyes is terrible. He looks like a dog who's just about to be **shot**. He stares at me as if I'm his only hope.

worn-out – erschöpft; to nod – nicken; to straighten up – sich aufrichten; gulp – Schluck; sigh – Seufzer; to shoot sb – jmdn. erschießen

"Do you hear me?" he says, almost in a **whisper**. "We're dead men unless Colin finds your friends. We have to get out of here – before … before he finds us …"

I want to ask him who he's talking about, but Drummond **pulls a face** and grabs his stomach. With his hand over his mouth, he **rushes** out of the hut. Outside I can hear him **being sick**. It might be an idea if he didn't drink so much whisky …

Treffer

Ich laufe und laufe, wie *Forrest Gump*, und höre nicht auf, bis ich Bruno und Janine eingeholt habe. Sie sind am Waldrand stehen geblieben und warten auf mich. Janines Gesicht ist knallrot. Sie sieht aus, als ob sie gleich zusammenbricht. Auch unser Leichtathlet Bruno Beuttner scheint an seine sportlichen Grenzen gekommen zu sein. Das ist wirklich sehr verwunderlich, denn ich wuss-

to whisper – flüstern; to pull a face – das Gesicht verziehen; to rush – eilen; to be sick – sich erbrechen te nicht, dass ihm der Begriff „sportliche Grenze“ überhaupt bekannt war.

„Hast du sie abgehängt?“, fragt Bruno und wirft dabei einen nervösen Blick zum Wald.

„Ja“, keuche ich außer Atem. Rambo war seinem amerikanischen Vorbild doch nicht so ähnlich – zumindest von der Fitness her. Ich glaube, gegen Sly Stallone in persona wäre ich nicht so leicht davongekommen.

Meine Beine zittern vor Anstrengung. Sie sind so voller Milchsäure, ich kann das Zeug fast überschwappen hören. Normalerweise mache ich es mir vor dem Fernseher bequem und laufe nicht höllische Hindernisgeländerennen über mehrere tausend Meter. Ich bin so platt, dass ich kaum stehen kann. Ich lehne mich gegen einen Baum.

„Wo ist Fran?“, fragt Janine und schaut sich dabei besorgt um.

Ich knalle meinen Hinterkopf gegen den Baum und schließe die Augen. „Sie haben sie geschnappt“, erkläre ich. „Sie ist gefallen, hat sich den Knöchel gebrochen.“

Janine stockt der Atem. Bruno starrt mich ebenfalls schockiert an.

„Die haben sie erwischt?!“, staunt er. „Du hast sie zurückgelassen?“

Ein bitteres Gefühl steigt in mir auf. Ich habe ein superschlechtes Gewissen. Diese Situation hätte ich meinem schlimmsten Feind nicht gewünscht. Nicht mal Bruno Beuttner. Ich weiß immer noch nicht, ob ich das Richtige getan habe. Habe ich Fran in der Stunde der Not im Stich gelassen? Hätte ich bei ihr bleiben sollen? Hoffentlich wird sich auf diese qualvolle Frage bald eine Antwort finden. Sonst werde ich nie mehr in den Spiegel schauen können.

„Sie wollte das so", rechtfertige ich mich beschämt. Ich schnappe immer noch nach Luft. „Sie konnte nicht mehr gehen. Sie hat gesagt, ich soll Hilfe holen."

„Dann machen wir das!", beschließt Bruno mit geballter Faust.

Janine wendet sich an mich. „Ich glaube, der Typ mit den Locken ist der gleiche, den ich gestern im Nebel gesehen habe."

Dann war es doch keine Halluzination.

„Was sind das überhaupt für Typen?", will Bruno wissen. „Was machen sie hier?"

„In der Hütte hatte Fran irgendwas über Diebe gesagt", erinnere ich mich. „Typen aus dem Knast. So was. Und ein Zepter."

„Ein Zepter?" Bruno runzelt die Stirn. „Was ist denn das?"

„Eine Art Baseballschläger für Könige“, erwidert Janine und Bruno nickt nachdenklich.

Interessante Erklärung. Aber ich frage mich immer noch, warum die Männer uns verfolgt haben. Ich meine, ich habe kein Zepter in meinem Rucksack und die einzige Krone, die ich habe, steckt in meinem linken Backenzahn. Weder Janine, Bruno noch ich sind Nachkommen des deutschen Königshauses und keiner von uns hat ein prächtiges Familienerbstück im Kleiderschrank zu Hause verstaut. Was wollten sie überhaupt von uns?

„Wie sollen wir jetzt Hilfe holen?“, fragt Janine außer sich vor Sorgen. „Der Hubschrauber ist weg und wir haben keine Ahnung, wo wir sind!“

„Wir haben nicht mal eine Karte“, murmelt Bruno mürrisch und rollt leicht die Augen, weil er immer noch nicht einsieht, dass es nötig war, unsere einzige Landkarte zu verbrennen.

Das stimmt. Wir haben nicht mal eine Landkarte. Oder? Oder doch? Hatte ich nicht die Karte geschnappt, bevor ich aus der Hütte gelaufen bin? Vor lauter Aufregung hatte ich sie völlig vergessen. Ich greife in meine hintere Hosentasche. Sie ist da! Ich hatte sie die ganze Zeit bei mir. Unsere Trumpfkarte! Frans Rettung. Damit werden wir den Weg nach Hause finden. Dann holen wir sofort die Polizei und Fran wird befreit!

Ich nehme die geklaute Landkarte aus meiner Hosentasche und halte sie hoch. „Hier!“, sage ich voller Stolz.

Bruno pfeift begeistert durch die Zähne. „Cool. Du hast sie mitgenommen!“

Janine hüpft vor Glück auf der Stelle und klatscht erleichtert. „Jetzt werden wir den Weg nach Hause finden und Hilfe holen können!“

Es sei denn, der Nebel kehrt zurück und wir müssen noch mal Blindekuh spielen.

Ich hocke mich hin und falte die Karte am Boden auseinander. Gleichzeitig steigt ein dumpfes Gefühl in mir hoch. Vielleicht haben die Typen uns doch nicht wegen eines trockenen Stück Brotes verfolgt. Vielleicht ging es ihnen um das hier, die Landkarte.

Bruno schaut die Karte über meine Schulter hinweg an. „Was ist denn das?“, fragt er irritiert und zeigt auf einen roten Kreis, der handschriftlich eingezeichnet ist.

Jetzt wird es mir auf einmal klar: Was haben Diebe, was andere Menschen nicht haben? Die Antwort ist einfach: Beute! Das ist nicht irgendeine Landkarte. Das ist eine ganze besondere. Eine, die vielleicht Millionen von Euro wert ist. Die Karte zeigt, wo sie ihre Beute versteckt haben, denn neben dem Kreis befinden sich einige handgeschriebene Ziffern. Koordinaten. 57° 34’ N 5° 3’ W. Das Versteck dieses verdammten Zepters vermutlich!

Gleichzeitig ruft Janine hinter uns: „Hey, guck mal dahinten! Der Fluss!“

Bruno und ich folgen ihrem ausgestreckten Finger und sehen Wasser am unteren Ende der Wiese. Tatsächlich. Es ist der Fluss, den wir gestern lange und vergeblich gesucht haben. Er schlängelt sich in einem großen Bogen durch das Tal. Wir wissen alle drei, dass er uns nach Hause führen kann.

Ich wende mich wieder der Karte zu und sehe sofort den blauen Strich, der für den Fluss steht. Hier: der Wald. Da: die Felswand. Dort: der Fluss. Unser Standort ist klar. „Wir sind hier!“

„Wie lange brauchen wir bis Croik Farm?“, fragt Janine.

Ich lasse meine Finger noch mal prüfend über die Karte gleiten. Die Farm ist weit. Sehr weit.

„Fünf, sechs Stunden …“, erwidere ich mit schwerem Herzen. Wir sind auf der völlig falschen Seite von Ben Dearg gelandet. Der Fluss verläuft ihm zu Füßen. Ein riesiger Umweg.

Bruno wirft die Hände hoch. „Fünf Stunden, das ist zu viel!“, regt er sich auf. „So lange können wir Fran nicht alleine lassen.“

Er hat recht. Ich studiere erneut die Karte. Der rote Kreis ist nicht allzu weit von unserer aktuellen Stelle entfernt. Das Versteck liegt jedenfalls deutlich näher als die Farm. Von hier aus nicht mehr als eine Stunde, schätze ich.

„Ich habe eine bessere Idee“, sage ich und werfe einen Blick auf den Fluss. Um meine Idee zu verwirklichen, müssen wir auf die andere Seite des ziemlich breiten Flusses. Zum Glück überquert eine Art Brücke das Wasser nicht zu weit von unserem Standort entfernt. Sie ist aus vier Seilen und vier Holzpfählen gebaut: zwei Seile für die Füße, eins für die linke Hand und eins für die rechte. Könnte ein bisschen wackelig sein, aber sie wird reichen.

Ich erläutere meinen Plan. Er ist ganz einfach: „Wir müssen das Zepter finden und es gegen Fran austauschen!“

Zuerst bin ich mir unsicher, ob Bruno und Janine mich verstanden haben. Schließlich bin ich für meine Waghalsigkeit nicht wirklich berühmt.

Sie wechseln erstaunte Blicke, lassen sich meinen Vorschlag durch den Kopf gehen und wenden sich langsam zu mir. „Alles klar!“, sagen sie wie aus einem Mund.

Ich stehe entschlossen auf und falte die Karte zusammen. „Gut. Dann folgt mir!“ Wir haben keine Zeit mehr zu verlieren.

Wie *die drei Musketiere* schreiten wir zielstrebig auf die Brücke am Fluss zu. Ich habe das Gefühl, uns steht nichts mehr im Wege. Wir halten zusammen und werden es schaffen. Eigentlich passt der berühmte Spruch von den drei Kavalieren auch zu uns: „Einer für alle und alle für einen!“

Scheint doch recht erfolgreich zu werden, diese Teambuildingwoche!

Mel

Time goes slowly. Drummond isn't talking to me. He just sits in front of the fireplace staring into the empty space. He doesn't **respond** to anything I say. **Every now and again** he looks at his watch. We're waiting for Colin Macgo-wan to come back. Hopefully *without* Timo and the others.

For some reason I can't help thinking of the

to respond – antworten; every now and again – ab und zu

legend of Robert the Bruce. It was my favourite **bedtime story** when I was a kid. I expect you haven't heard of Robert the Bruce. **No worries**. Only Scottish people know him. But you probably know about his friend, William Wallace, alias Mel Gibson in the film *Braveheart*. I mean, who hasn't seen the pictures of the blue-and-white-faced **heart-throb** running over the Scottish countryside shouting his head off like a complete **loony**? Yes, well, that was William Wallace, a **knight** who fought against the English in the thirteenth Century. As you might remember from the film, William – I mean, Mel Gibson – was executed by the horrible, barbaric, terrible English – **spit**! –, but what you might have forgotten was that his friend, Robert the Bruce, went on to continue the fight and **eventually** became King of Scotland. King Robert, of course.

The legend goes like this:

After having been on the wrong side of six **defeats** by the English – spit again! – the Scottish army was **destroyed** and Robert the Bruce

bedtime story – Gutenachtgeschichte; no worries – keine Sorge;
heart-throb – (Frauen-)Schwarm;
loony – Irre/r; knight – Ritter; to spit – spucken;
eventually – schließlich; defeat – Niederlage; to destroy – zerstören

had **to go into hiding**. He **decided** to hide in the mountains – a bit like Drummond and Macgowan here. Only he didn't hide in a wooden hut, but in a **cave**. It was cold and wet, and Robert was feeling pretty unhappy. Understandable really. I mean, things weren't exactly looking **rosy** for him. He had absolutely no idea how things could go on or whether he would ever be able to **free** Scotland from – spit! – English **rule**.

But then he sees something at the **mouth** of the cave. No, not a golden sword which makes him **invincible**. Not the Sceptre of Scotland. Not a **cheque** for a million pounds to buy himself a new army. Not even a beautiful French princess like the one William W… – I mean, Mel – had in the movie. No. Our Robbie, future king of Scotland, sees a **spider**.

A spider? I know that doesn't sound like a big deal, but wait. You see, the spider is trying to **spin a web** at the mouth of the cave. As it swings from the roof of the cave, it falls. But it hangs on to its own **thread** like a bungee jum-

to go into hiding – untertauchen; to decide – beschließen; cave – Höhle; rosy – rosig; to free – befreien; rule – Herrschaft; mouth – Eingang; invincible – unbesiegbar; cheque – Scheck; spider – Spinne; to spin a web – ein Netz spinnen; thread – Faden per and climbs back up to the roof. Again it tries to throw its thread from one side of the cave to the other. And again it **fails**. This happens six times, and Robert the Bruce is amazed by the spider's **determination**. It just doesn't give up. And then, on the seventh time, the spider **succeeds**.

So Robert the Bruce said to himself, "And I will win the seventh battle against the" – spit! – "English!"

And that's exactly what he did.

It's a true story if you want to **believe** it.

At the moment I can't see any spiders in the hut, but perhaps something else will come along to give me some hope.

to fail – scheitern;
determination – Entschlossenheit;
to succeed – Erfolg haben;
to believe – glauben

Begraben

Es ist heiß. Die Sonne steht hoch am Himmel und brennt auf uns nieder. Ich schwitze wie in der Sauna. Nach der eiskalten Nacht sind wir in die überhitzte Wüste gestolpert. Das Wetter in den Bergen ist nicht nur unberechenbar, es ist absolut schizophren.

Wir haben ein bisschen aufgetankt. Ein Stückchen Baguette zum Mittagessen, frisches Wasser aus dem Fluss. Jetzt haben wir wieder Kraft. Und wir werden sie auch brauchen.

Wir folgen dem Fluss hoch ins Tal, so schnell wir können. Ich gehe voran und gebe das Tempo vor. Mein Motor heißt Fran. Bruno und Janine laufen hinter mir. Um uns herum zwitschern die Vögel. Ab und zu sehen wir ein paar Hasen, die durch das Dickicht flitzen. Über uns ist der Himmel blau, so weit das Auge reicht. Eigentlich paradiesisch. Und wir stecken dennoch in der Hölle. Jedenfalls ich.

Hinter mir halten Janine und Bruno die ganze Zeit Händchen. Ich weiß nicht, ob es daran liegt, dass Bruno Janine bei dem anstrengenden

Aufstieg helfen will, oder ob ein anderer Grund dahintersteckt. Zum Beispiel, dass sie es beide schön finden. Klar ist: Janine und Bruno sind sich in den vergangenen vierundzwanzig Stunden deutlich näher gekommen. Ich habe das Gefühl, dass ich mein Versprechen gegenüber Bruno nicht mehr halten muss. Er braucht keine Hilfe, um herauszufinden, was Janine von ihm hält. Er kann sie selber fragen. Und die Antwort fällt bestimmt nicht unangenehm aus. Das Komische daran ist: Jetzt würde ich mich sogar darüber freuen, wenn sie ein Paar würden. Sie passen irgendwie gut zusammen.

Nach einer Weile stoßen wir auf eine alte Ruine am Flussufer: eine ehemalige Wassermühle mit Wasserrad, aber ohne Dach. Die Wände stehen nur noch bis zur Hälfte, die übrig gebliebenen Steine sind kaum noch aufeinandergestapelt. Vögel nisten in den Nischen und die Fenster sind nur noch gähnende Löcher. Neben dem Wasserrad ist ein kleiner Steg. Ein halb versunkenes Ruderboot ist an der Seite angebunden.

„Lasst uns kurz eine Pause machen", schlage ich vor und wir nutzen die Gelegenheit, um uns mit dem frischen Bergwasser abzukühlen und unsere Wasserflaschen aufzufüllen.

Dann hocken wir gemeinsam am Ufer und starren gedankenverloren ins Wasser.

„Wie machen wir eigentlich die Übergabe?", fragt Bruno aus dem Nichts. „Ich meine, ich weiß nicht, wie weit ich Fran tragen kann …"

Seit wir losmarschiert sind, beschäftigt mich genau dieses Problem, und ich habe immer noch keine Lösung. Wie sollen wir vor zwei Knastis fliehen, wenn einer von uns nicht mal gehen kann? Es wird die langsamste Flucht, seit die Kohle bei dem großen Eisenbahnraub ausgegangen ist.

Ich kann es mir schon vorstellen: Wir überreichen den Typen ihre Beute, sie geben uns Fran. Zwei Minuten später steht Rambo mit der Axt vor uns und bereitet eine neue Variation von Haggis zu. Und zwar mit meinen Eingeweiden!

„Bruno hat recht", sagt Janine. „Wir müssen uns was überlegen …"

Außerdem, auch wenn wir mit Fran die Knastis doch abhängen, wir können sie unmöglich fünf, sechs Stunden nach Hause tragen. Nicht mal Bruno kann man das zumuten.

Eigentlich wäre eine Flucht über das Wasser ideal. In einem Kanu. Dann müssten wir Fran gar nicht tragen. Ich gucke das halb versunkene Ruderboot an. So was, zum Beispiel, nur ohne

Wasser innen drin natürlich. Aber vielleicht ist das Teil noch zu retten?

Ich springe auf und laufe auf den Steg. „Bruno, kannst du mir helfen?“

Zusammen kippen wir ein Ende des schweren Ruderbootes hoch und lassen das Wasser rauslaufen. Dann heben wir es ans Ufer. Am Boden gähnt ein Loch so groß wie eine Faust.

Janine schaut mich fragend an. „Was willst du damit machen?“

„Wir können es für die Übergabe verwenden“, schlage ich vor. „Um nach Hause zu fliehen. Die Strömung läuft genau richtig.“

„Aber es hat ein Loch!“

Ich nehme die Landkarte aus meiner Hosentasche und überfliege sie. „Das Versteck liegt direkt da oben“, fasse ich mich kurz und zeige den Berg hoch. „Eine Viertelstunde, nicht mehr. Ich gehe weiter. Bruno und du, ihr bleibt hier und versucht das Loch zu reparieren.“

Janine klappt vor Erstaunen der Unterkiefer runter. „Wie das, bitte schön?“

„Irgendwas wird euch schon einfallen“, sage ich.

Bruno holt sein Schweizer Messer raus und schlägt sich dramatisch auf die Brust mit den Worten: „Ich Tarzan, du Janine.“

Sie starrt mich verdattert an. „Schaffst du das allein …?“

Wie soll es anders gehen? „In einer halben Stunde bin ich wieder da“, sage ich ihr. „Viel Glück!“

Ich mache mich auf den Weg und steige den kargen Berg rauf. Er ist supersteil. Immer wieder rutsche ich auf dem losen Geröll aus und falle hin. Ich schürfe mir die Hände auf. Meine Hose ist mittlerweile an beiden Knien aufgerissen. Der Dreck bleibt an den blutigen Schrammen kleben, mischt sich mit meinem Schweiß und brennt wie Feuer. Alles ist sehr staubig und trocken. Ich bekomme kaum Luft.

Aber ich höre nicht auf zu klettern, bis ich die Stelle erreicht habe, wo laut Landkarte das Versteck sein muss. Vor mir ragt eine Felswand auf, die wie eine unüberwindliche Mauer wirkt. Sie entspricht den eng zusammengequetschten Landvermessungslinien, die auf der Karte sind. Wenn ich weitergehen wollte, bräuchte ich ein Seil oder eine Trittleiter.

Aber das muss ich nicht. Das Versteck sollte irgendwo auf dieser Seite der Felswand liegen. Ich schaue mich nach einem Zeichen um, sehe aber auf Anhieb nichts. Um mich herum liegen nur abgebrochene Steine und Felsbrocken, ich erkenne verstreute Grasbüschel und das eine oder andere Gebüsch, sonst nichts. Als ob ich endlich auf dem Mond gelandet sei.

Zuerst schiebe ich die schweren Felsbrocken zur Seite, in der Hoffnung, ein Loch im Boden zu finden, entdecke aber nichts. Dann fange ich an die Felswand abzutasten. Leider bin ich aber kein Ali Baba und wir haben nicht vierzig Räuber, sondern nur zwei. Vielleicht sollte ich es doch mal mit „Sesam-öffne-dich" probieren, aber ich glaube an so was nicht. Trotzdem hoffe ich, dass ich in der Felswand eine versteckte Öffnung finde. Vergeblich.

Mein Herz rutscht mir in die Hose. Was ist, wenn ich das Zepter nicht finde? Oder wenn ich die Landkarte falsch gelesen habe oder die Beute schon weg ist? Oder wenn es überhaupt kein Zepter gibt? Dann haben wir wertvolle Zeit für nichts verschwendet. Und Fran ist immer noch in den Händen der Verbrecher. Wer weiß, was sie ihr gerade antun …

Ich suche immer weiter, aber ich weiß nicht mehr, wonach. Ein frisch gegrabenes Loch vielleicht? Aber wir wissen nicht, wie lange es her ist, dass die Diebe ihre Beute versteckt haben. Oder eine Höhle? Es gibt keine Spur davon. Ich merke, wie das ganze Adrenalin, das mir seit zwei Stunden ununterbrochen durch die Adern pulsiert, auf einmal aus meinem Körper verschwindet. Ich finde nichts. Mit gesenktem Kopf streife ich mutlos über den Berghang. Es ist völlig sinnlos. Ich bin der *Jäger des verlorenen Schatzes* im wahrsten Sinne. Mit der Betonung auf „verloren". Die Aufgabe ist schwieriger, als den *Da Vinci Code* zu knacken.

Irgendwann gebe ich auf. Es macht keinen Sinn. Hier ist nichts. Ich muss zu den anderen zurück. Vermutlich haben sie das Ruderboot repariert. Aber wozu? Jetzt haben wir sowieso nichts, das wir für Fran eintauschen können.

Gerade als ich den ersten Schritt bergab mache, bricht mir der Boden unter den Füßen weg. Ich falle in die Tiefe. Ein stumpfer Schlag beendet jäh meinen Sturz. Ich bin in ein Loch gefallen, das ungefähr drei Meter tief ist. Ich schaue nach oben. Der blaue Himmel ist nichts weiter als ein kleines Quadrat, umrahmt von schwarzer Erde.

Mir tun die Rippen weh. Und mein Hintern auch. Ich bin auf etwas Knallhartem gelandet. Ich drehe mich um. Als ich zur Seite trete, scheint die Sonne direkt ins Loch hinein und beleuchtet den flachen Boden unter mir. Etwas Metallisches glänzt. Ich beuge mich runter und

wische die Erde von der Oberfläche weg. Auf einmal werde ich durch ein strahlendes, silbernes Licht geblendet. Es ist eine metallische Kiste. Auf einer Seite gibt es einen Griff.

Die Beute! Ich habe das Zepter gefunden!

Ich traue meinen Augen kaum. Hektisch hocke ich mich auf den Boden und mache die Kiste auf. Obwohl ich mich gerade in einem Loch in der Erde befinde, falle ich trotzdem aus allen Wolken. Ich habe so was bisher nur im Kino gesehen: der Baseballschläger der Könige, wie Janine es beschrieben hatte, nur ein bisschen kürzer. Und nicht aus Holz, sondern Gold. Das Zepter. Oben eine Kristallkugel und Perle. Im vergoldeten Metall sind Abbildungen von Delfinen, Heiligen und der Jungfrau Maria mit Christuskind eingraviert. Ein Kunstwerk. Prachtvoll, glänzend, überwältigend. Der Traum eines jeden Juweliers. Und bestimmt verdammt wertvoll dazu.

Ich schließe die Kiste und stehe wieder auf. Jetzt habe ich nur das Problem, dass ich aus diesem Loch niemals alleine rauskommen werde. Deswegen bin ich mehr als froh, als plötzlich Brunos erschrockenes Gesicht oben erscheint.

„Hey, Timo, bist du okay?“, ruft er besorgt.

Es ist mir nie zuvor aufgefallen, aber Bruno hat eine wirklich wundervolle Stimme. Ich liebe sie. Ja!

„Ich habe es, Bruno! Ich habe es gefunden!“

„Was denn?“

„Das Zepter, was denn sonst!?“

„Ach so. Klar. Nichts gebrochen dann?“

„Nein, es ist völlig intakt.“

„Ich meine, bei dir.“

„Nee. Kannst du mir hier raushelfen?“

Bruno zieht seinen Gürtel aus, legt sich auf den Bauch nah ans Loch und streckt ihn mir entgegen. „Mach die Kiste dran fest.“

Mit dem Gürtel ziehe ich eine Schlinge um den Griff. Bruno hievt zuerst die Kiste aus dem Loch, dann hängt er seinen Gürtel wieder rein und evakuiert mich auch. Echt klasse, dass er zweimal die Woche ins Fitnessstudio geht.

„Das Boot ist fertig“, sagt Bruno, als er mich hochzieht. „Die halbe Stunde ist längst rum. Wir haben uns Sorgen gemacht. Ich dachte, ich komme dich suchen.“

Als ich wieder oben stehe, zeige ich Bruno meine tiefste Dankbarkeit mit einer emotionsgeladenen Geste. Ich lege meine Hand auf seine Schulter.

„Danke!“, sage ich ganz ehrlich. „Du bist klasse.“

Ohne ihn würden wir Fran jetzt niemals retten können.

„Nee, ich hab zu danken“, sagt er mit strahlenden Augen und schüttelt meine Hand, die ich ihm hingestreckt habe, eifrig. „Du hast das mit Janine echt klasse gemacht! Du bist wirklich ein Kumpel!“

„Uhm … Ja … Alles klar …“

Die Wahrheit ist: Ich habe keinen blassen Schimmer, wovon er spricht, aber ich nehme seine Dankbarkeit gerne an. Worum auch immer es geht. Jetzt haben wir sowieso keine Zeit, über Unklarheiten zu reden. Mit der Kiste in der Hand fange ich an den Berg runterzulaufen. Der überglückliche Bruno folgt mir. Bleib tapfer, Fran! Wir sind gleich da!

"Chaz"

I almost had a **heart attack** as the door to the hut flew open. Drummond's partner, Macgowan, comes running into the room and throws down his **axe** on the table. The good news is: he's alone. You can imagine how **relieved** I am.

Drummond jumps up from the chair. "Did you find them?" he asks, full of hope.

heart attack – Herzinfarkt; axe – Axt; relieved – erleichtert

Macgowan just walks across the room and starts **rolling up** one of the **sleeping bags**. He's a big man, a real **bull**, with tattoos on his arms and the back of his neck. His silence **speaks volumes**.

Drummond throws up his hands **in disappointment**. "What are we going to do now?"

"Pack our bags and leave," says Macgowan. "We'll just have to find the Sceptre without the map!"

"But that could take days!"

Macgowan jumps to his feet and rushes over to Drummond. "So what?!" he shouts aggressively, grabbing him by the T-Shirt and pulling him towards him. "Then it will take us days! We don't have any other **choice**, do we!"

"What about the girl?" asks Drummond, looking at me. "We can't take her with us. She can hardly walk."

"Leave her here," says Macgowan, packing the food on the table into his black rucksack.

"We can't do that," says Drummond. "She'll **starve to death** if we leave her here ..."

to roll up – aufrollen; sleeping bag – Schlafsack; bull – Bulle;
to speak volumes – Bände sprechen;
in disappointment – vor Enttäuschung; choice – Wahl;
to starve to death – verhungern

Macgowan throws me the packet of "Scottish Oatcakes". "There. That will keep her alive for a few days."

Macgowan continues packing like a **madman**. It's like he's got a **plane to catch**. "I knew we should have made a copy of that map!" he hisses.

Drummond doesn't say anything. He just stands there watching Macgowan pack like there's no tomorrow.

"What are you standing around like an idiot for?" snaps Macgowan, but Drummond is perfectly **calm**. He speaks quietly, **pronouncing** every word with clear precision: "Chaz – knows – where – we – are …"

Macgowan stops packing. His hands **freeze** in the air. He stares at Drummond with a look of horror on his face, his eyes wide open.

"Chaz?" he gasps **breathlessly**. "He knows where we are?"

Macgowan looks nervously around the room as if he's scared this Chaz guy might be hiding under the table or something.

"How … how you know?" he asks Drummond.

madman – Verrückter; to catch a plane – den Flug kriegen; calm – ruhig; to pronounce – aussprechen; to freeze – erstarren; breathless – atemlos

Drummond **points** at me. "She told me about an article in the newspaper. The police said that we're hiding in the West Highlands. Chaz will be looking for us."

Macgowan drops down into the chair and puts his head in his hands. "Oh God!" he sighs in complete **despair**.

"If he can **arrange** for John to be killed in prison, then he can find us here," says Drummond calmly. "And then we're dead men."

Macgowan shakes his head in his hands. I remember the name of the third man who was caught: John Blane was his name. The one who died "under mysterious circumstances" in prison. But if I understand Drummond **correctly**, this Chaz guy was behind it. But who is Chaz? The boss? The **mastermind**? Or a thief from a rival gang? The article in the newspaper didn't say anything about a fourth man who was never caught …

Suddenly there's a loud **bang** outside the hut. Something **slams** against the wall. All three of us jump out of our skin. Drummond and Macgowan look at each other, full of fear.

to point – zeigen; despair – Verzweiflung; to arrange – regeln; correct – richtig; mastermind – führender Kopf; bang – Knall; to slam – knallen

"Chaz?" whispers Drummond, his voice **trembling**.

Man! The way they're talking about this Chaz guy is even making me scared of him!

Macgowan grabs the axe and goes over to the window. Drummond closes his eyes for a moment. It's as if he's saying a **prayer**.

Something bangs against the outside of the hut again. With his back against the wall, Macgowan looks **cautiously** out of the window. Then I hear a voice. A German accent. The voice of a boy. No, it's not Chaz. It's Timo!

"Hey! Come out!" he cries. "I have to talk to you!"

to tremble – zittern; prayer – Gebet;
cautious – vorsichtig

Tausch

Ich stehe vor der Lichtung, im Schatten der letzten Bäume, und werfe noch mal einen Stein an die Außenwand der Hütte. Jedes Mal ein Volltreffer.

„Hey! Come out!“, rufe ich aus vollem Hals.

Bruno steht neben mir, die silberne Kiste in der Hand, und versteckt sich hinter einem dicken Baum. Die Kiste ist leer, aber das wissen nur wir.

„Kommen sie schon raus?“, flüstert er mir zu. Er ist richtig nervös. Seine Stimme zittert ein bisschen. Er blickt angespannt nach links und rechts, aber bleibt artig hinter dem Baum stehen. Das ist gut so. Wir wollen den Überraschungseffekt nicht verspielen.

„Noch nicht.“ Ich hebe einen weiteren Stein vom Waldboden auf und will ihn gerade an die Hütte schleudern, als die Tür plötzlich aufgeht. Unser Freund Rambo tritt vorsichtig aus der Hütte. In seiner rechten Hand schaukelt die schwere Axt. Er bleibt vor der Tür stehen und schaut sich um, als ob er fürchtet, dass er in eine Falle gelockt werden könne.

„Okay, Bruno. Jetzt!“

Bruno springt wie ein Wiesel hinter dem Baum hervor, hebt die glänzende Metallkiste hoch und schwenkt sie in der Luft. „Huhu!! Over here!!“

Rambo sieht die Kiste und erstarrt. Ihm fallen beinahe die Augen aus dem Kopf. Sein Unterkiefer klappt langsam runter, bis sein Mund einem gähnenden Abgrund ähnelt. *Der menschliche Fliegenfänger. Jetzt erhältlich in* Ihrem *Supermarkt!*

„Das reicht!“, zische ich Bruno zu und er hört sofort auf mein Stichwort. Er lässt die Kiste sinken, dreht sich um und läuft volles Tempo in den Wald hinein. Gleichzeitig startet Rambo hinterher, aber ich trete vor und halte meine ausgestreckte Handfläche hoch. „Stop!“, schreie ich, so laut ich kann.

Bruno ist schon längst weg und Rambo bleibt sofort stehen, wie ich ihm befohlen hab. Ich bin selber überrascht über die Lautstärke meiner Stimme. Und die Autorität. Das habe ich bestimmt von Herbie, dem weißhaarigen *Terminator*.

Rambo checkt sofort, dass Bruno viel zu schnell für ihn ist. Und wenn er jetzt versucht mir näher zu kommen, dann bin ich auch weg.

Wir stehen einander gegenüber wie im Showdown eines guten Westerns. Die Finger meiner rechten Hand kribbeln. Ich weiß hundertpro, dass ich schneller ziehen kann. Mein Gegner sollte lieber drauf verzichten.

„We want our friend back", rufe ich unsere Forderung über die Lichtung. „Bring her to the river. We meet at the **bridge**!"

Ich warte kurz, um zu sehen, ob meine Bedingungen bei ihm angekommen sind. Rambos verbissener Gesichtsausdruck sagt mir, dass er meine Worte deutlich verstanden hat. Er spuckt einen Monsterschleimklumpen verächtlich zu Boden und ich sehe förmlich, wie er sein imaginäres Pistolenhalfter wieder zuknöpft. Die Filmmusik wird langsam ausgeblendet. Es wird kein Blutvergießen geben. Nicht in diesem Western. Rambo hat seinen Meister gefunden.

Ich drehe mich um und laufe in den Wald zurück. Ich halte erst an, als ich den Fluss wieder erreicht habe. Dort sitzt Bruno schon am Ufer mit den Füßen auf der Kante des Ruderbootes. Die beiden haben es ziemlich raffiniert repariert. Mit der kleinen Zange an Brunos Schweizer Messer haben sie alte Nägel aus dem Holz-

bridge – Brücke

werk der zerfallenen Wassermühle gezogen. Dann hat Bruno ein passendes Holzbrett auf die untere Seite des Bootes genagelt. Zwar kommt noch ein bisschen Wasser rein, aber das Boot ist wieder schwimmfähig.

„Alles klar?“, fragt Janine aus dem Boot heraus und schaufelt das restliche Wasser mit ihrer Thermoskannentasse raus.

Ich nicke außer Puste. „Sie werden kommen.“

„Klar werden sie kommen“, grinst Bruno, als er ins Boot steigt und mit dem Kopf auf das dort liegende Zepter deutet. „Das da ist ihre Altersversorgung.“

Ich steige ebenfalls ins Ruderboot. Wir müssen die letzten Vorbereitungen treffen und auf unsere Startpositionen gehen. Der Plan steht fest. Es kann nichts schiefgehen.

Wir haben bereits eine Art Flaschenzugkonstruktion über den Fluss gebaut. Sie erlaubt uns, bei der Übergabe möglichst viel Kontrolle und möglichst wenig Kontakt mit den Knastis zu haben.

Eine ganz einfache Idee von Janine. Von den vier Seilen, die vorher über den Fluss gespannt waren, bleibt nur eins übrig: Eins der oberen. Die anderen drei haben wir durchgeschnitten,

zusammengeknotet und um den Holzpfahl geschlungen.

„Wir machen eine letzte Probe“, schlägt Bruno vor, als wir am anderen Ufer ankommen. Er packt das Zepter wieder in die Kiste, steigt aus dem Boot und bindet die Kiste am Ende des zusammengeknoteten Seils fest. Dann probiert er die Konstruktion aus: Er zieht am Seilende und die Kiste wird schwungvoll über den Fluss gezogen – eigentlich wie bei einer Seilbahn. Nur in unserem Fall würde die Passagierkabine ihre Gäste zu Tode schütteln! Die Kiste hüpft auf und ab wie ein Jo-Jo.

Aber egal. Die Konstruktion funktioniert trotzdem reibungslos. Das Ziehen ist Brunos Aufgabe. Janine und ich werden im Boot sein. Wir holen Fran vom anderen Ufer ab und bringen sie in Sicherheit. Erst dann wird Bruno die Kiste ganz rüberschicken. Danach holen wir Bruno ab und paddeln nach Hause. Ich freue mich schon auf das Abendessen.

„Lass uns auf unsere Startposition gehen", empfehle ich. „Die Männer können jederzeit hier sein."

Janine und ich steigen wieder ins Ruderboot und paddeln mit den Brettern, die wir aus der Wassermühle mitgenommen hatten, bis zur Mitte des Flusses. Dort benutzen wir einen langen Ast, um im Flussbett zu ankern. Wir setzen uns hin und warten auf Fran und die zwei Männer.

Das Wasser schlägt beruhigend an die Bootsplanken. Ab und zu taucht mal ein Lachs an der Oberfläche auf. Wolken ziehen über den klaren Himmel. Im ganzen Tal ist es still. Aber das ist nur die Ruhe vor dem Sturm.

Es dauert nicht lange, bis die Männer erscheinen. Der Rothaarige trägt Fran huckepack. *Die Schöne und das Biest*. Mit großen Schritten und hochroten Gesichtern eilen sie ans Ufer. Als sie ankommen, lässt der Rothaarige Fran zu Boden fallen.

„Are you okay?“, ruft Janine besorgt aus dem Ruderboot.

Fran nickt. Sie sieht blass aus. Völlig fertig. Ich weiß nicht, ob das die Schmerzen machen oder die Angst. Als sie mich sieht, lächelt sie kurz. Die Sonne geht wieder auf.

Die Knastis entdecken sofort ihre silberne Kiste, die noch bei Bruno auf der anderen Seite des Flusses hängt. Die Flaschenzugkonstruktion scheint ihnen aber ein Rätsel zu sein. Sie runzeln die Stirn und betrachten sie perplex. Erst als Bruno am Seil zieht und die Kiste ein paar Meter in die Mitte rückt, leuchten ihre Augen. Rambo grinst und nickt anerkennend.

„Not bad!“, murmelt er, aber als Bruno aufhört zu ziehen und die Kiste direkt in der Mitte hängen bleibt, verschwindet sein Lächeln schlagartig.

Das ist mein Stichwort, um mit den Verhandlungen zu beginnen. „First Fran gets into the boat, then you get the sceptre“, rufe ich über das Wasser.

Rambo schüttelt den Kopf. „No. First the sceptre, then the girl!“

Ich bleibe ruhig und nicke wieder zu Bruno.

Er zieht die Kiste ein Stück zurück. Sie sollen wissen: Wir haben hier das Sagen.

Die zwei Knastis sehen mit Entsetzen, wie sich ihr Lebenstraum wieder von ihnen entfernt. Panik zeichnet sich auf ihren Gesichtern ab. Der Rothaarige packt Fran sofort unter dem Arm und zieht sie hoch. „Forget it, Colin! They're just kids. Let's **get this over and done with**."

Rambo starrt wie gelähmt auf die Kiste, einen irren Blick in den Augen. Sie baumelt an dem Seil, unschuldig wie weiße Wäsche. Voll das Zuckerbrot-und-Peitsche-Spiel. Und unsere Knastis hier stehen ganz eindeutig auf Süßigkeiten.

„First our friend, then the sceptre", wiederhole ich entschlossen.

Der Rothaarige winkt mir zu. „Okay. Come and get her!"

Jetzt beginnt der gefährlichste Teil der Übergabe. Janine und ich fangen an, zum Ufer rüberzupaddeln, aber kurz bevor wir ankommen, packt Rambo seinen Kumpel am Arm.

„They're trying to trick us!", zischt er völlig gestört. „The sceptre isn't in the **case**!"

to get sth over and done with – etwas hinter sich bringen;
case – Koffer, Kiste

Doch, doch, will ich antworten, aber bevor ich den Mund aufmachen kann, wirft sich Rambo wie ein Affe auf das Seil. „Hold onto the girl!“, ruft er zu seinem Kumpel zu. „I’ll get the sceptre myself!“

Der Rothaarige fällt aus allen Wolken. Er schaut seinen Partner mit großen Augen an. „What are you doing, Colin?!“, brüllt er völlig verdattert. „Come back here!“

Aber Rambo ist nicht zu stoppen. Wie ein übergewichtiger *Batman* schwingt er sich über den Fluss, während Bruno anfängt, die Kiste zurückzuziehen.

Wir kommen am Ufer an und ich stehe in Reichweite von Fran und ihrem Wächter. Ich greife nach dem langen Ast und hole zum Schlag gegen den Rothaarigen aus. Fran duckt sich rechtzeitig und der Ast trifft den Mann mit voller Kraft an der Schulter. Reflexartig lässt er Fran los und greift sich an die getroffene Stelle.

Fran zögert keine Sekunde. Sie humpelt die zwei Schritte zum Ufer und springt mit einem ohrenbetäubenden Schmerzensschrei ins Ruderboot. Das hat wehgetan!

„Los! Zur anderen Seite!“, rufe ich zu Janine und wir fangen an rückwärtszupaddeln.

Doch wir sind nicht schnell genug.

Der Rothaarige rafft sich auf, wirft sich mit einem Riesensprung in die Luft und landet auf dem Boot. Das alte Ding kippt fast um. Unter meinen Füßen zerbricht die reparierte Stelle und das Flusswasser fängt an, ins Boot zu strömen.

Der Rothaarige stürzt sich mit geballten Fäusten auf mich. Ich wehre mich mit meinem Paddel, aber er ist viel stärker. Er packt das Holzbrett, zieht es mir aus den Händen und wirft es über Bord. Dann baut er sich vor mir auf und zieht verächtlich die Lippe hoch. Ich bin erstaunt: Er zittert.

„You … hit me!“, murmelt er wie der beleidigte *Hulk*.

Ich will mich gerade entschuldigen und versuche ihm zu erklären, dass eine solche Situation nicht gerade normal in meinem Alltag ist, aber der Rothaarige verliert schlagartig das Interesse an mir. Er hat die geklaute Landkarte auf dem Boden des Ruderboots gesehen.

„Hey, our map!“, ruft er mit großen Augen und beugt sich runter, um die Karte aufzuheben. „Now we can find the safe way out of here, Colin!“

Aus dem Augenwinkel sehe ich, wie Bruno die Kiste schwungvoll zurück in die Mitte schickt. Unser Boot ist mittlerweile direkt unter der Seilbrücke.

Der Rothaarige steht freudestrahlend auf und wedelt mit der Karte in Richtung seines Partners, der noch am Seil hängt. Aber Rambo kann nur mit Entsetzen zuschauen, wie die fliegende Kiste von hinten anrauscht und seinem rothaarigen Kumpel gegen den Kopf kracht. Es gibt einen dumpfen Knall und der Mann kippt um wie eine Schießbudenfigur. Mit einem lauten Platschen fällt er in den Fluss, die Landkarte hinterher. Hoffentlich lindert das eiskalte Bergwasser ein bisschen die fette Schwellung an seinem Schädel.

Ich schnappe sofort das dritte Holzbrett und helfe Janine, das Boot zu Bruno ans Ufer zu steuern. Mit der Thermoskannentasse schaufelt Fran energisch das Wasser aus dem Boot. Rambo hängt schon in der Mitte der Brücke. Nach dem heftigen Schlag kommt die Kiste genau vor seiner Nase zum Stillstand. Bevor Bruno sie zurückziehen kann, schnappt er sie und löst den Knoten. Er nimmt die Beute vom Seil runter und wirft sie zum Ufer. Als er wieder hochschaut, bekommt er den Schock seines Lebens: Mit seinem zuverlässigen Schweizer Messer beginnt Bruno das Seil durchzuschneiden.

Rambo schwingt panisch zum Ufer zurück, außer sich vor Angst. Vielleicht kann er nicht schwimmen? Doch er ist nicht schnell genug. Kurz bevor er am Ufer ankommt, hat Bruno das Seil endlich durch. Es fällt nach unten ins Wasser und nimmt den schreienden Rambo mit.

Mittlerweile sind wir am anderen Ufer angekommen. Bruno springt ins Ruderboot und stößt uns mit einem kräftigen Tritt vom Ufer ab. Er übernimmt das Paddel von Janine und unser kleines Ruderboot schaltet plötzlich in den höchsten Gang. Voll *Speed*.

Hinter uns höre ich Rambos Hilferufe. Sein rothaariger Kumpel schwimmt zu ihm rüber, packt ihn unter den Armen und bringt ihn zum Ufer. Ich atme erleichtert aus. Das war's. Es ist vorbei. Wir werden die Typen nie wiedersehen. Es sei denn zur Gegenüberstellung, wenn sie verhaftet sind. Von mir aus sollen sie ihr bescheuertes Zepter nehmen, es *für eine Handvoll Dollar* eintauschen und sich ein schönes Leben machen. Es interessiert mich null. Ich bin nur froh, dass Fran wieder bei uns ist. Wir *glorreichen Vier* sind weg. Jetzt ist es nur eine Frage der Zeit, bis wir endlich nach Hause kommen. Ich freue mich riesig!

Safe

It's over. No more adventure, no more horrible **surprises**, no more **pain**. Just a doctor, a warm bed, and lots of food. Piles of it. A mountain of hot potatoes, meat, vegetables, chocolate. Anything. I'm so hungry I could eat a horse.

I've got a question for you. No, it's not a trick question, and there's no **prize** money. It's just a simple question about what happens next:

What's the best thing that can happen to you when you're being chased by escaped prisoners in the mountains? Two weeks holiday in Ibiza, I hear you say? Well, I know what you mean. It's an idea. But let me **put it another way**: Who's the best person you can meet when you're floating down a river, tired, hungry and **desperate** to go home?

Right. A policeman. A man of the **law**. He's standing there, not far from the **riverbank**, loo-

surprise – Überraschung; pain – Schmerz; prize – Preis;
to put sth another way – etwas anders formulieren;
to be desperate to do sth – unbedingt etwas tun wollen;
law – Gesetz; riverbank – Flussufer

king up into the mountains through **a pair of binoculars**. You **recognise** him in his blue and white uniform instantly. His car is parked near the road behind him, also instantly recognisable. White and blue **chequered** sides, blue light on the roof, you know the picture.

You feel this incredible warmth inside. You think: Yes! We've **made it**! Now everything's going to be okay. No more Drummond. No more Macgowan. No more fear. No more fighting for survival. I've got the police on my side. Someone who will **protect** you **no matter** what. Someone who can help you. Someone who you can **trust**.

Seeing that policeman on the riverbank is like having Christmas Day twice a year. First Timo and the others rescue me, and now I get a police escort home! What could be better? I'm so happy. I just want to say thank you to the world. Thank you to life. Thank you to Timo, Bruno and Janine. It's great to be back. And thank you to the good old Scottish Police for being there.

Janine and I shout and scream and **wave** our

a pair of binoculars – Fernglas; to recognise – erkennen; chequered – kariert; to make it – etwas schaffen; to protect – beschützen; no matter – egal; to trust – vertrauen; to wave – winken hands in the air, making sure the policeman sees us on the river. The boys paddle us over to the riverbank and the policeman comes running over to us. He seems to know who we are. Half of the West Highlands Police Force has been looking for us. Or so he says as he helps Bruno and Timo **lift** me out of the boat.

Our **ordeal** is finally over.

Ende

Ich erkenne ihn sofort. Es ist der gleiche Polizist, den ich vor der Kappelle getroffen hatte. Der Typ mit dem komischen Schnauzer, der mir von den Wölfen erzählt hatte. Er trägt wieder seine verspiegelte Sonnenbrille unter der blauen Polizeikappe. Sein Namensschild ist frisch poliert: Charles Fletcher.

Er hat mich auch erkannt. „Seems like you're a magnet for **trouble**, lad!", schmunzelt Officer Fletcher, als er Fran über die Wiese zum Auto trägt.

to lift – heben; ordeal – Qual; trouble – Ärger

Na ja. Bis ich nach Schottland kam, war mein Leben ein einziger ruhig fließender Fluss. Das Aufregendste, was ich je erlebt hatte, war *Stirb langsam 1, 2* und *3* an einem einzigen Tag. Danach hatte ich Wahnvorstellungen.

Als wir sein Auto erreichen, legt Officer Fletcher Fran auf den Rücksitz und geht zum Kofferraum. Er holt einen Erste-Hilfe-Koffer raus, sprüht etwas auf ihr geschwollenes Bein und verbindet den Knöchel mit einem Verband.

„It looks like it's broken, **lass**", stellt er fest und steht wieder auf. „We need to get you to a hospital. The nearest one is about half-an-hour from here."

Mit rotierendem Blaulicht, Sirene und quietschenden Reifen vielleicht nur eine Viertelstunde. Ich bin dabei!

„What about you guys?", fragt er uns Deutsche.

Außer meinen aufgeschürften Händen und Knien – und dem unerträglichen Hunger im Bauch – ist bei uns alles in Ordnung. Wir sind halt harte Hessen.

„We're fine", sagt Janine im Namen von uns allen.

lass – *schottisch:* Mädchen

Ich warte darauf, dass der Polizist uns bittet, alle ins Auto zu steigen, damit wir mit der Formel-1-Fahrt zum Krankenhaus anfangen können, aber etwas scheint Officer Fletcher zu beschäftigen. Er mustert uns genau.

„You say you found the sceptre and gave it back to the thieves, right?“, fragt er und ich meine, ich höre einen vorwurfsvollen Unterton. Vielleicht hätten wir doch versuchen sollen die Diebe auszutricksen, aber wir sind gute Kids aus anständigen Elternhäusern, nicht alte Füchse mit krimineller Energie. Wir haben halt nicht daran gedacht.

Fran verteidigt uns: „They didn't have a choice, Officer Fletcher!“

Der Polizist hört uns ruhig zu, als wir ihm die Situation noch mal genauer schildern. Er nickt schweigsam mit dem Kopf und als wir fertig sind, fragt er: „This hut where the two men are hiding – can you **show** me where it is on a map?“

Ich schaue kurz irritiert zu Fran. Ich dachte, sie muss sofort ins Krankenhaus? Aber der Polizist beugt sich schon über den Beifahrersitz und nimmt eine Landkarte aus dem Hand-

to show – zeigen

schuhfach. Er geht damit um das Auto und faltet sie auf der Motorhaube auseinander. Ich schaue sie an. Sie ist ein bisschen anders als die zwei anderen Landkarten. Ich finde den Fluss und fahre ihn mit dem Finger entlang bis hoch in die Berge. Ich komme zu dem Wald, in dem sich die Hütte befindet.

„It was in this wood somewhere“, sage ich schließlich und zeige auf die grüne Markierung.

Officer Fletcher runzelt die Stirn unzufrieden. „Where **exactly**?“, fragt er nach.

Auf der Landkarte ist die grüne Fläche nur ein paar Zentimeter groß, in echt war der Wald mindestens ein paar Kilometer breit. Ich kann es nicht genau sagen. „I don’t know exactly. I just know, it was somewhere here.“

Der Polizist schaut die Karte genauer an und fährt mit dem Finger eine Punktlinie entlang. Von der Seite versuche ich hinter seine Sonnenbrillengläser zu schauen, aber der Schatten unter seinem Hut ist zu dunkel.

„There’s a **track** from here up to the woods“, erklärt er mir. „If I take you there, do you think you can find the hut?“

Wie bitte? Er will, dass ich mit ihm wieder in

exact – genau; track – Weg

die Berge gehe? Ist der Mann völlig gaga? Niemals! Ab jetzt bleibe ich immer schön auf der Couch zu Hause, okay? Nichts mit Survival-Training. Das ist vorbei. Ich bin jetzt wie *E.T.* Ich will nur noch nach Hause.

„We have a better chance of **catching** the prisoners if we go straight to the hut", versucht Officer Fletcher mich zu überreden. „They'll be gone by the morning."

Ehrlich gesagt ist mir das völlig egal. Ich bin nicht Clint Eastwood und was die Leute hier im Wilden Westen von Schottland betreiben, geht mich nichts an. Ich möchte nur zur Farm fahren, mich duschen und was essen.

„Do you know what the Sceptre of Scotland means to the Scottish people?", fragt mich Officer Fletcher ernst. „It's like somebody stealing the Brandenburg Gate in Germany."

Dann müssten wir halt ein neues Nationalsymbol für Deutschland erfinden. Eine gigantische Currywurst-Skulptur zum Beispiel. Ich weiß genau, was der Polizist gerade versucht. Er will mir ein schlechtes Gewissen machen. Und mein flaues Gefühl im Magen sagt mir, es klappt auch.

to catch – fangen

„Please!“, bittet er mich schließlich und ich kann mich nicht mehr wehren. Ich schaue zu Fran rüber und sie nickt mir aufmunternd zu.

„What about getting Fran to hospital?“, frage ich den Polizist, der sofort die Karte zusammenfaltet und sich suchend umschaut.

Dann hören wir ein leises Knattern auf der einsamen Straße. In nicht allzu weiter Entfernung fährt ein alter *Chitty-Chitty-Bang-Bang*-Kleinlaster mit hoher Geschwindigkeit auf uns zu. Der Polizist zögert keine Sekunde. Er läuft auf die Straße, stellt sich direkt in die Mitte und bringt den Kleinlaster mit quietschenden Bremsen zum Stillstand.

Der Fahrer – eine *Shrek*-Figur mit rasiertem Schädel, zu groß für sein kleines Fahrerhäuschen, bestimmt Baumstammwerfer – hat das Fenster schon runtergekurbelt.

„I wasn't doing more than thirty, officer!“, jammert er schuldbewusst.

Officer Fletcher lehnt sich ans Fenster und spricht mit gedämpfter Stimme zum ertappten Fahrer. Ich höre nicht, was gesagt wird, aber mehrmals zeigt der Polizist auf uns. Irgendwie stört es mich, dass ich seine Augen nicht sehen kann.

Der Kleinlasterfahrer nickt verständnisvoll

und der Polizist joggt zurück zu uns. „The driver said he can take Fran and one of you to the hospital", sagt er.

„Ich begleite Fran", bietet Janine an.

Ich wende mich instinktiv zu Bruno um. „Kommst du mit?"

Bruno nickt. „Klar. Ich würde dich niemals im Stich lassen."

Irre. Bruno Beuttner ist jetzt mein Freund. „Mr Perfect" ist gar nicht so schlecht, wie ich immer gedacht habe. Und übrigens auch nicht perfekt. Aber egal. Wer ist das schon? Vielleicht wäre *Mr Incredible* ein angemessener Spitzname für ihn.

Ich wende mich an Officer Fletcher und deute auf das Funkgerät am Armaturenbrett. „We have to call Croik Farm and let our teacher know we're okay", sage ich.

Der Polizist zögert und zieht einen Stift und ein Stück Papier aus seiner Brusttasche. „It's broken", sagt er verlegen und notiert etwas auf dem Papier, das er anschließend Janine gibt. „Here's the telephone number of the farmhouse. You can call using the driver's mobile phone."

Ein Polizist ohne Funkgerät? Und ohne Handy? So was habe ich noch nie gehört.

Officer Fletcher beugt sich vor, um Fran vom Rücksitz zu heben. „Call the farm **straightaway**", sagt er zu Janine, als er der hübschen Glasgowerin zum Kleinlaster rüberhilft. „They're **worried sick** about you."

Während der Kleinlasterfahrer und Officer Fletcher Fran ins Fahrerhaus packen, drückt Janine zum Abschied erst mich, dann Bruno. Es fällt mir schon auf, dass die Umarmung mit Bruno deutlich länger dauert als mit mir.

straightaway – sofort; worried sick – krank vor Sorge

„Passt auf euch auf“, sagt Janine. „Wir sehen uns gleich. Ich richte Mr Barrett aus, dass er eine Portion Haggis für euch aufwärmen soll!“

Na super. Janine steigt neben Fran ins Fahrerhaus und winkt uns zu. Officer Fletcher gibt Fran etwas Geld und verabschiedet sich mit den Worten: „Buy yourself something to eat and drink on the way.“

Unser Polizist will gerade die Tür zumachen, als sich Fran noch mal zu Wort meldet: „Officer Fletcher!“, ruft sie aufgeregt. „There's something I forgot to tell you. I know who killed John Blane in prison ...“

John Blane? Wer ist das?

„There was a fourth man **involved** in the robbery“, setzt Fran fort. „Somebody called ...“

Officer Flechter hält seine Handfläche hoch und nickt kühl. „It's okay, lass. You can tell my boss when you see him at the hospital. By then, I'll have caught these two criminals anyway.“

Fran nickt irritiert und als Officer Fletcher die Tür schließt, jagt mir der dumpfe Knall einen Schauder den Rücken hinunter. Schon wieder sind Fran und ich getrennt. Ich habe ein ganz ungutes Gefühl dabei. Aber was soll ihr

involved – verwickelt

passieren? Der Kleinlasterfahrer, der gerade ins Gebüsch pinkelt, bevor er wieder losfährt, sieht völlig in Ordnung aus. Bald wird Fran im Krankenhaus sein und die Ärzte werden sich um sie kümmern. Eigentlich ist alles gut.

Sie hält ihre Hand zur Fensterscheibe hoch. Es ist nicht wirklich ein Winken, mehr eine Berührung. Ich kann ihre Haut fast spüren.

„Do one of you want to sit in the front?“, fragt der Polizist, als er die Beifahrertür seines Funkstreifenwagens aufmacht.

Bruno bietet es mir an, aber ich öffne die hintere Tür und setze mich auf den Rücksitz. Als der Kleinlaster wieder losfährt, folgen wir ihm auf die Straße.

Officer Fletcher wirft mir eine Packung Salt-and-Vinegar-Chips auf den Rücksitz. „You boys must be hungry“, sagt er. Ich sehe im Rückspiegel, wie er mich hinter seinen verspiegelten Sonnenbrillengläsern beobachtet.

Dann schert das Auto plötzlich nach links aus. Wir biegen in einen steinigen Weg ein. Der Kleinlaster folgt der Straße und verschwindet um die Ecke, während der Polizeiwagen mit einem Mordstempo den unebenen Weg entlangrattert. Wir werden durchgeschüttelt wie ein Cocktailshaker. Die Salt-and-Vinegar-Chips fliegen überall hin, nur nicht in meinen Mund.

„**Hold on tight**, boys!“, ruft der Polizist am Steuer. „It’s going to be a rough ride!“

Emergency

I hate hospitals. No, that’s not true. I don’t hate hospitals, I hate the *smell* of hospitals. This one smells just like all the other hospitals I’ve ever been in. **Detergent**. It’s like they **deliberately** make it smell bad so that people don’t come too often.

The doctors take an **X-ray** of my ankle and show me the **fracture**. It’s as clean and straight as a **razor blade**. No real problem. They put my ankle in **plaster**, give me a pair of **crutches** and send me off to the waiting room. It looks like I’m finished. Over and out! No big operations. No hospital bed. No terrible food. After only an hour or two in the **emergency ward**, they’re ready to send me home.

Hold on tight! – Festhalten!; detergent – Reinigungsmittel; deliberately – absichtlich; X-ray – Röntgenbild; fracture – Bruch; razor blade – Rasierklinge; plaster – Gips; crutch – Krücke; emergency ward – Notfallaufnahme

Janine and I wait for Angus to arrive. We called him from the **truck**, but we only spoke with Mrs Barrett. Everybody was out looking for us.

With the money from Officer Fletcher Janine buys a pile of food from the kiosk. Bread rolls, crisps, chocolate, Coke. We eat **to our heart's content** until – after my third packet of crisps – the doors fly open and Angus comes into the room. The German teacher, Mr Bruckner, is with him, together with an important looking policeman.

Angus comes rushing up to me.

"Fran, I'm so happy to see you!"

Me, too. He gives me a big **hug** while Bruckner hugs Janine. When the white-haired, ponytailed German teacher has finished with Janine, he looks at me with a big smile. He's so happy, he just can't **resist**: He hugs me as well. At which point Angus just has to hug Janine. I'm surprised they don't hug each other as well, but maybe they did that before getting here.

It's a pretty happy **reunion**, as you can see. I feel a bit **dizzy** after all the hugging, but it

truck – LKW; to one's heart's content – nach Herzenslust;
hug – Umarmung; to resist – widerstehen; reunion – Wiedersehen;
dizzy – schwindlig

doesn't matter. Then Angus introduces me to the policeman next to him.

"This is **Superintendent** Douglas from the West Highlands Police Force. He helped organise the rescue mission ..." says Angus, "and he's also responsible for the police **search** for the escaped prisoners ..."

Officer Fletcher's boss. I have to tell him about what I heard the men in the hut say. About who killed John Blane in prison. But more importantly, Officer Fletcher said he would have caught the two men by now. So where is he?

"Have you heard from Officer Fletcher yet?" I ask.

"**Unfortunately** not," says Superintendent Douglas, a very fat man with rosy cheeks and white hair under his cap. "We've been trying to get in contact with him for the past hour, but his **RT unit** seems to be broken."

"You mean, he hasn't got any **backup**?" I ask.

"I'm afraid I cannot **locate** Officer Fletcher. And if I don't know where he is, then I can't send him any backup."

superintendent – Hauptkommissar; search – Suche;
unfortunately – leider; RT unit – Funkgerät; backup – Verstärkung;
to locate – ausfindig machen

"You mean, they're up there in the mountains on their own?" asks Janine, even more surprised than I am. "One policeman against two criminals?"

"Don't worry, madam," says the Superintendent with a big smile. "Officer Fletcher will **look after** those boys like they were his own sons. Nothing will happen to them. Chaz is our best man!"

My heart misses a beat. What did he just say? "Chaz"? I can't be hearing right.

The Superintendent grins contentedly and looks at Angus and Mr Bruckner for **recognition**. They both nod nervously. I look at Janine. She heard the name, too. I told her everything earlier. Now she's just staring at the Superintendent, **thunderstruck**.

"Wie bitte?! What did you just say?" says Janine to Mr Douglas, trying not to **stutter**.

"Officer Fletcher … he's one of our best men," **repeats** Superintendent Douglas.

"No, I mean, before that," I **interrupt**. "You called him by his first name …"

"You mean, Charles?" the Superintendent

to look after sb – sich um jmdn. kümmern; recognition – Anerkennung; thunderstruck – wie vom Donner gerührt; to stutter – stottern; to repeat – wiederholen; to interrupt – unterbrechen laughs. “Charles Fletcher is his **proper** name, but the men call him ‘Chaz’.”

“The men call him Chaz …?” I repeat slowly, trying to let this piece of information get into my head.

“That’s right”, says Douglas **jovially**. “Don’t ask me why!”

I can feel the panic rising inside of me. This can’t be true! The policeman in the mountains, alone with Timo and Bruno, is the fourth man, the one who never got caught, the killer who even Drummond and Macgowan are scared of!

Janine puts her hand up to her mouth in horror. She says something in German to Mr Bruckner. I turn to Mr Douglas, trying to calm the panic in my voice.

“Superintendent!” I say. “Our friends are in **danger**!”

proper – richtig; jovial – herzlich; danger – Gefahr

Verrat

Als wir endlich die Lichtung erreichen, sehen wir durch das Fenster das Flackern einer Kerze. Es taucht die Hütte in ein düsteres, gelbes Licht. Draußen ist es fast dunkel. Officer Fletcher schaltet seine Taschenlampe aus und nimmt seine Sonnenbrille ab. Wir hocken hinter einem Gebüsch und beobachten eine Weile lang die Hütte. Ab und zu mal huscht ein dunkler Schatten am Fenster vorbei, aber es ist unmöglich, die Gestalt zu erkennen.

Schließlich zieht Officer Fletcher seine Dienstwaffe aus dem Schulterhalfter. Dabei merke ich, dass sein rechtes Auge weiß und glasig ist. Eigenartig. Als ob es blind ist.

Als er seine Waffe entsichert, lächelt er mir seltsam zu. „You boys stay here!“, flüstert er.

Wir nicken gehorsam. Keine Sorge. Unsere Tage als Helden sind vorbei. Wir gehen jetzt in Frührente. Schön die Füße hoch.

Officer Fletcher steht vorsichtig auf und schleicht gebeugt über die Lichtung zur Hütte. Er bleibt vor der Tür stehen und holt Luft.

„Sobald er reingeht, schleichen wir zum Fenster rüber“, flüstert Bruno mir zu.

„Bist du wahnsinnig?! Es gibt bestimmt eine Schießerei!“

Bruno zeigt mir einen Vogel. „Die Knastis sind doch nicht bewaffnet! Da passiert nichts.“

„Trotzdem!“

Aber als der Polizist schwungvoll die Tür auftritt und mit seiner ausgestreckten Waffe in die Hütte geht, flitzt Bruno dennoch über die Lichtung und hockt sich unter das Fenster. Mensch, typisch Bruno! Vielleicht habe ich ihm meine ewige Freundschaft doch zu früh angeboten.

„**Freeze**!“, brüllt der Polizist in der Hütte.

Erste Regel des Survival-Trainings: In Krisensituationen immer zusammenhalten! Da ich Bruno unmöglich überreden kann, zurückzukommen, laufe ich gezwungenermaßen zu ihm rüber.

„Du hast sie nicht mehr alle!“, schimpfe ich, als ich mich neben ihm auf den Boden werfe.

„Die Geschichte will ich meinen Enkelkindern erzählen!“, grinst er. „Du weißt schon, die von Janine und mir!“

Freeze! – Keine Bewegung!

Damit dreht er sich um und späht neugierig über das Fensterbrett in die Hütte. Und ich? Was soll ich tun? Schließlich ist das hier besser als Fernsehen. Ich recke mich ebenfalls nach oben.

In der Hütte hält der Rothaarige bereits die Hände hoch. Officer Fletcher hat die Situation voll im Griff. Er steht dem Rothaarigen gegenüber, seine Waffe auf ihn gerichtet.

„Where's Colin?“, fragt der Polizist.

„He's gone“, antwortet der Rothaarige mit zittriger Stimme. Er ist blass vor Angst.

„Where?“

„I … I don't know …“

Officer Fletcher geht prüfend durch die Hütte ohne seine Waffe zu senken und macht die Hintertür auf. Er schaut kurz raus, wendet sich aber schnell wieder an den rothaarigen Mann.

„Where's the sceptre?“, fragt er schroff.

„He … he took it with him“, stottert der Rothaarige.

Dann passiert etwas, was für Bruno und mich völlig unverständlich ist: Der Polizist macht einen Schritt auf den Rothaarigen zu und schlägt ihn mit dem Kolben seiner Pistole ins Gesicht.

„Don't **lie** to me, Drummond!"

Drummond sackt ein und fasst sich an seine blutige Stirn.

Ich spüre, wie Bruno neben mir zusammenzuckt. Das ist der Hammer!

Officer Fletcher baut sich drohend vor Drummond auf. „You think you can trick me, do you?! Where were you planning to go? South America? New Zealand?"

Ich starre gebannt auf die Szene. Ich kann meinen Augen kaum trauen. Als Vertreter des Gesetzes darf ein Polizist doch nicht einfach so Gewalt anwenden. Ich meine, dieser Drummond-Typ hatte ihn nicht mal bedroht. Selbstverteidigung war das auf jeden Fall nicht. Wir sind Zeugen staatlicher, polizeilicher Brutalität.

Bruno schaut ebenfalls fassungslos zu. Officer Fletcher fängt an, in der Hütte auf und ab zu schreiten, als ob er den Verstand verloren hätte. Er wedelt wild mit seiner Waffe herum. Ein Mann, der eindeutig rotsieht.

„Who do you think got you out of prison, huh?", zischt er. „Well? Who was it? The **fairy godmother**? Huh? Did you think it was just

to lie – lügen; fairy godmother – Märchenfee

luck or what? Who made sure you got the map from John? It was me!“

„We were going to give you your **share** of the money“, winselt Drummond wie ein Hund. „Honest! We just wanted to get hold of the sceptre first.“

Drummond versucht sich aufzurichten, aber der Polizist tritt ihn mit dem Fuß und er fällt erneut zu Boden.

Jetzt ist mir alles klar: Officer Fletcher steckt bis zum Hals mit drin. Er ist der unsichtbare Vierte, den Fran erwähnt hatte. Als ich ihm an der Kapelle begegnete, war er vermutlich bereits auf der Suche nach dem Zepter.

Fletcher richtet seine Waffe auf Drummond.

„Where is it?“, fordert der Polizist, oder was auch immer er ist. „Where's the sceptre?“

Plötzlich hören wir ein Rascheln hinter uns. Wir fahren herum und sehen, wie eine Gestalt aus dem Dickicht schleicht. Sie huscht wie ein Tiger auf die Hüttentür zu. In ihrer Hand hat sie eine schwere Axt. Als sie kurz vom Fenster erleuchtet wird, erkenne ich die Gestalt sofort. Es ist Rambo!

In der Hütte droht Fletcher Drummond mit

share – Anteil

einer schrecklichen Hinrichtung: „I'll **count** to three ... One ... two ..."

Ich kann nicht mehr hinschauen. Ich höre nur, wie bei „three" Rambo die Tür eintritt und mit einem ohrenbetäubenden Schlachtruf in die Hütte stürmt. Es gibt einen Mordsknall, als er sich auf den Polizist wirft und sie vermutlich gemeinsam zu Boden krachen. Ein heftiges Gerangel folgt. Tisch und Stühle werden umgehauen und donnern gegen die Wand. Dann fällt ein Schuss und alles ist still.

Bruno und ich schauen uns mit aufgerissenen Augen an. Wir müssen nichts sagen, nicht länger zögern. Wie siamesische Zwillinge springen wir gleichzeitig auf und fliehen über die Lichtung. Nicht mal Bruno will so viel Action.

Aber nach drei Schritten bleiben wir wie versteinert stehen. Die Lichtung ist plötzlich erleuchtet wie ein Weihnachtsbaum. Über uns schwebt ein Hubschrauber. Sein Suchscheinwerfer ist auf uns gerichtet. Es ertönt eine metallische Stimme aus dem gleißenden Licht: „Freeze! Put your hands on your head!"

Wie zwei ertappte Schwerverbrecher gehor-

to count – zählen

chen Bruno und ich der Aufforderung. Ich schaue zum Himmel. Als meine Augen sich an das grelle Licht gewöhnen, kann ich eine Gestalt im Hubschrauber ausmachen: Fran. Ihr rechtes Bein ist in Gips gelegt. Als sie mich sieht, wendet sie sich kopfschüttelnd zum dicken Polizist neben ihr um und zeigt aufgeregt auf mich.

Doch bevor Bruno und ich unsere Unschuld beteuern können, fliegt die Hintertür der Hütte auf und Officer Fletcher läuft über die Lichtung in unsere Richtung. In seiner linken Hand hat er das Zepter.

„Fletcher?“, hallt die Stimme aus dem überstrahlten Nichts. „This is Superintendent Douglas speaking! Stop right where you are! That’s an **order**!“

Aber Fletcher bleibt nicht stehen. Ohne ins Licht zu schauen, richtet er seine Waffe hoch und schießt zweimal nach oben. Der Hubschrauber schwenkt ab, Gott sei Dank nicht getroffen.

„Put the gun down, Fletcher!“, ertönt wieder die Hubschrauberstimme, jetzt etwas aufgeregter. „Or we’ll shoot!“

Nettes Angebot, aber Officer Fletcher hat offensichtlich nicht die Absicht, kampflos aufzugeben. Er läuft auf Bruno und mich zu und schlingt den Arm um meinen Nacken. Der goldene Kopf des Zepters knallt dabei gegen meinen Wangenknochen.

order – Befehl

„You're coming with me!", zischt er und zieht mich grob über die Lichtung. Er hält mich so fest am Hals, dass ich kaum Luft bekomme. Er erwürgt mich fast. Ich huste und spucke und kann keinen Widerstand leisten. Aus dem Augenwinkel sehe ich die metallisch glänzende Pistole in Fletchers anderer Hand. Eindeutig, was er damit sagen will.

„Let the boy go!", ruft sein Vorgesetzter aus dem Hubschrauber.

Fletcher antwortet mit einem verächtlichen Lachen und läuft einfach weiter. Die Leute im Hubschrauber sind völlig machtlos. Sie können nichts tun. Bruno auch nicht. Er schaut mir nur hinterher, als Fletcher mich über die Lichtung und in den Wald hineinzieht. Ich habe solche Angst, dass ich mir fast in die Hose mache. Meine Blase drückt wie ein überfüllter Wasserballon. Das gibt's in Filmen nie. Das Letzte, was ich von der Lichtung höre, ist Frans Schrei: „T-I-M-O!"

Dann bleibt mein Entführer abrupt stehen. Ich habe keine Ahnung, warum. Ich höre nur eine männliche Stimme hinter mir, leise, ruhig, klar. Ein schottischer Akzent. Eine sanfte, schöne Singsangstimme.

„Don't even think about it …", sagt der

Mann. „Let go of the boy and put your gun down …“

Ich fühle, wie Fletchers Griff um meinen Hals allmählich lockerer wird. Ich traue mich, den Kopf leicht zu drehen. Hinter uns steht Mr Barrett. Fletcher blickt direkt in die zwei Läufe von dessen alter Doppelflinte. Der korrupte Polizist leistet keinen Widerstand. Er weiß, dass der alte Jäger durchaus in der Lage ist, abzudrücken. Ich weiß es auch. So was spürt man. Officer Fletcher lässt seine Dienstwaffe fallen.

Mr Barrett nickt mir zu und lächelt. „Hello there, young Timo!“, trällert er mit seinem wunderschönen, gerollten „r“. „I've been looking for you for days!“

Epilog

Fran

Picture this: Mr and Mrs Barrett, aged eighty and seventy-nine, open the dance floor. It's our last evening at Croik Farm and it's party time in the **barn**. Disco, Scottish style. Now I know

barn – Scheune

what you're thinking: There's nothing worse than watching old people dance! But you're wrong there. You see, Mr and Mrs Barrett were "West Highland Champions in Scottish **Folk Dance**". You should see them now. It's like *Grease, Fame* and *Dirty Dancing* all in one. Amazing. When I'm that old, I want to be just like them.

Timo

Die Barretts haben allen Grund zu feiern. Seit gestern sind ihre Geldprobleme gelöst. Der schottische Staat war so froh, das geklaute Zepter wiederzubekommen, dass sie uns einen Finderlohn gegeben haben. Wir mussten nicht lange überlegen, was wir mit der Kohle machen wollen. Wir haben den größten Teil sofort unseren zwei liebevollen Gastgebern geschenkt. Schließlich hat Mr Barrett mein Leben gerettet. Eine kleine Summe haben wir allerdings für uns behalten. Für die Flüge zwischen Glasgow und Frankfurt. Ist doch klar! Am Ende will ich Fran nicht noch mal aus den Augen verlieren.

folk dance – Volkstanz

Fran

Tomorrow our "Adventure Holiday" is over. Sure, it's a bit sad, but it's also a nice feeling to know you're going to miss someone. I've made a lot of new friends here. One of them is more than a friend, of course. I guess you could say, since yesterday evening Timo and I are officially **an item**. It's the perfect end to a completely **disastrous** holiday. But I'm not the only one to have found love in the Highlands. Brian, for example, has made a *very* good friend. She has purple lips and **dyed** black hair. Not my style exactly, but then I'm not Brian. Her name is Marika. They've just started dancing next to Mr and Mrs Barrett. They make a nice couple, too. It's a shame my leg is in plaster. **Otherwise** I could give Timo his first lesson in dancing to the **bagpipes**.

Timo

Na ja. Dudelsackmusik ist nicht wirklich mein Ding, aber seit ich hier in Schottland bin, weiß ich, dass alles möglich ist. Sogar, dass Männer Röcke tragen. Ich heute auch. Keinen norma-

an item – ein Paar; disastrous – katastrophal; to dye – färben; otherwise – sonst; bagpipe – Dudelsack len Rock natürlich. Einen Schottenrock. Hat Mr Barrett mir geschenkt. Zum Abschied. Schönes Tartanmuster. Angeblich von seiner Sippe. Behauptet er jedenfalls. Ist schon ein bisschen komisch, so – wie soll ich sagen? – so „luftig" rumzulaufen, aber ich muss ehrlich zugeben, es steht mir verdammt gut. Ich habe selbstverständlich meine beste Unterhose angezogen, falls es beim Tanzen, Sitzen oder was auch immer zu einer ungünstigen Situation kommt. Ich fühle mich in meiner neuen Tracht echt scharf. Sogar besser als je zuvor.

Fran

Tomorrow it's back to Glasgow for me and back to Frankfurt for Timo. But it's okay. We have enough money to fly **back and forth** a couple of times a year for, let's say, the next ten years! Cool, huh? I tell you, **freedom of movement** is a good thing. That's something our friends Fletcher, Drummond and Macgowan won't be knowing for a while. Fifteen years, if I remember rightly. They've all been sent back to prison. To Inverness. Macgowan with a **bullet wound**

back and forth – hin und her;
freedom of movement – Bewegungsfreiheit;
bullet wound – Schussverletzung

in his shoulder. A present from his old best friend, Chaz Fletcher. The stolen sceptre is back in Edinburgh castle, **safe and sound**, lying next to the other Honours of Scotland. And, like in any good adventure story, people can now go back to their daily lives knowing that national **security** has been **restored**. All thanks to us.

Timo

Während Mr und Mrs Barrett über die Tanzfläche wirbeln, die Beine hochschwingen und sich gegenseitig auf die Schenkel klopfen, sitze ich am Rand der Bühne mit Bruno, Fran und Janine. Es ist ein schönes Gefühl. Der eine, mein neuer Freund, die andere, meine beste Freundin, die dritte, meine neue Freundin. Eine echt runde Sache.

Bruno steht plötzlich auf und packt Janine an der Hand. „Hey, Süße, willst du auch mit mir schotteln?“

Janine grinst glücklich und wirft mir einen von ihren unwiderstehlichen Blicken zu. Ich lächele zurück. Mit großem Vergnügen lässt sie

safe and sound – sicher und wohlbehalten; security – Sicherheit; to restore – wiederherstellen sich von Bruno zur Tanzfläche rüberziehen. Beweis dafür, dass in einer guten Teambuildingwoche das Unvorhersehbare wirklich passieren kann.

Alles in allem hat die Woche super geklappt. Wir haben gelernt zusammenzuhalten und haben das erdenklich härteste Survival-Training aller Zeiten überlebt. Herbie ist sehr zufrieden. Die 9c ist gerettet. Schluss mit den alten Zankereien. Wir sind ein Team geworden. Das Leben kann jetzt ungefährlich weitergehen.

Fran und ich sitzen alleine auf der kleinen Bühne. Wir haben die letzten Tage fast ununterbrochen geredet. Ich weiß jetzt sogar, was „a close shave“ bedeutet. Ein knappes Entkommen. Davon hatten wir wirklich genug. Jetzt will ich mit ihr eigentlich genau das Gegenteil. Ich habe schließlich andere Lücken in meinem englischen Wortschatz zu füllen. Vielleicht sollten wir uns zurückziehen, damit wir ein paar Erste-Hilfe-Maßnahmen üben können. Mund-zu-Mund-Beatmung vielleicht?

„Come on“, sage ich zu Fran. „I want to have one last look at the mountains.“

Wir springen von der Bühne runter und gehen über die Tanzfläche, sie mit ihren Krücken, ich mit meinem Rock und einem Wangenknochen, der auf Tennisballgröße angeschwollen ist.

Als wir nach draußen in den warmen Sommerabend kommen, schauen wir zu den eindrucksvollen Bergen hoch. Sie recken sich in den rötlichen Abendhimmel. Die schottischen Wolkenkratzer. Ich nehme Fran an der Hand und denke: Vielleicht ist es doch gar nicht so verwunderlich, wo die Liebe hinfällt …

Bei Thienemann von David Fermer
bereits erschienen:
Nonstop Hiphop!
Nonstop BMX!

Fermer, David:
Nonstop Survival!
ISBN 978 3 522 17889 1

Gesamtausstattung: Alexander Weiler
Einbandtypografie: Michael Kimmerle
Innentypografie: Kadja Gericke
Schrift: Concorde + Officina serif
Satz: KCS GmbH, Buchholz/Hamburg
Reproduktion: immedia 23, Stuttgart
Druck und Bindung: Friedrich Pustet, Regensburg

5 4 3 2 1* 07 08 09 10

www.thienemann.de